ジョン・コールマン博士

ローマクラブ
新世界秩序のシンクタンク

ジョン・コールマン

ジョン・コールマンは、イギリスの作家で、元秘密情報局のメンバーである。コールマンは、ローマクラブ、ジョルジオ・シーニ財団、フォーブス・グローバル2000、宗教間平和コロキアム、タヴィストック研究所、黒人貴族、その他新世界秩序のテーマに近い組織について様々な分析を行っています。

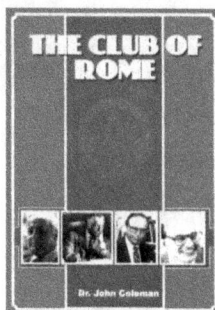

ローマクラブ
新世界秩序のシンクタンク

THE CLUB OF ROME
The Think Tank of the New World Order

オムニア・ヴェリタス・リミテッドが翻訳・発行しています。

© オムニアベリタス株式会社 - 2022

OMNIA VERITAS®

www.omnia-veritas.com

ローマクラブ（COR）は、1969年にコールマン博士が初めて暴露し、1970年に同じタイトルで出版されるまで、アメリカでは知られていなかった新世界秩序の主要なシンクタンクである。300人委員会の要請で作られたこの組織は、25年後にローマで行われた創立記念式典まで存在を否定された。地域委員会は、内外のすべての米国政府計画において重要な役割を担っている。ローマ、イタリア、カトリック教会とは何の関係もない。

表紙:

左から

アレクサンダー・キング博士、サミュエル・P・ハンティントン、アウレリオ・ペッチェイ

第1章

フランス革命の余韻

世界の出来事を理解するためには、$20^{\text{ème}}$ 世紀に起こった多くの悲劇的で爆発的な出来事は、それ自体で起こったのではなく、確立されたパターンに従って計画されていたことを認識することが必要である。これらの大事件の企画者、制作者は誰なのか。

このような暴力的で革命的な騒動を起こすのは、ほとんどがこの世界にはびこる秘密結社に属しており、彼らは常にそうであった。ほとんどの場合、これらの秘密結社はオカルトやイニシエーションに基づいているが、秘密政府を構成するすべての秘密結社と同様に、300人委員会によってコントロールされている。[1]現代社会から悪魔崇拝や悪魔、魔術が消えたと思い込んでいる不届き者は、誤った情報である。今日、オカルトに基づく秘密結社やルシフェリアニズム、黒魔術、ブードゥー教などが盛んに行われており、当初考えられていたよりもはるかに広く浸透

---

[1] *陰謀者たちの階層 - 300人委員会の歴史*, Omnia Veritas Ltd, www.omnia-veritas.com.

しているようである。

私たちの中にあるこれらの秘密結社、その指導者の多くはキリスト教徒を装っているが、これらの組織とその指導者に対する私たちの寛容な態度と相まって、国内外における問題の原因となっているのである。すべてのトラブル、すべての革命、すべての戦争は、必然的にいくつかの秘密結社のいずれか、またはその組み合わせに起因するものである。もし、秘密結社が個人と国家のために働いているならば、なぜ、彼ら自身、彼らの組織、彼らの行動を隠すために、これほど深い秘密が必要なのだろうか。アフリカの黒人に由来するとされるブードゥー教の習慣は、実はエチオピア人のジェスロから始まったと記憶しています。ブードゥー教のように、ほとんどのオカルト実践とそれに付随する秘密結社は反キリスト教的であり、彼らはそのことについて何の謝罪もしないが、フリーメイソンのメンバーの中には反キリスト教的な教えを隠したり隠そうとしたりする者もいる。

しかし、フリーメイソンは、キリストが単なる宗教的指導者以上の存在であったことを認識している。フリーメイソンは、キリストが世界の様相を変えるために来たと信じ、秘密結社に反対したと考えている。多くの秘密結社が信奉者をキリスト教に敵対させるのはこのためだ。キリストが宣教を始めると同時に、キリスト教の完璧な理想に対抗して、グノーシス主義が生まれた。キリストは、私たちは血肉に対して戦っているのではなく、高い所にある闇の力、霊的な悪に対して戦っているのだと警告されまし

た。つまり、共産主義、マルクス主義、社会主義、自由主義、一つの世界政府に対する私たちの闘いの底流には、精神的な闘いがあるのだ。秘密結社を見せれば、キリストを憎むオカルト神政を見せよう。キリストは**「真理を知り、真理はあなたがたを自由にする」**と言われました。

キリストが命令形を使っていることに注目しよう。キリストが語ったのは、秘密結社の奴隷となった人々、つまり現代のように、オカルト神権国家の支配者に軽蔑され、下僕や奴隷としてしか使い道のない普通の人々である。

これらの指導者たちは、彼らが「必要以上に余剰」と考える何百万人もの人々を殺すことは全く普通のことだと考えている。この邪悪な「殺す」哲学は、リチャード・チェイニー、ドナルド・ラムズフェルド、リチャード・ペール、ポール・ウォルフォウィッツといった人物を通して米軍に忍び込んでいる。それは、共和党の政治形態にはない全く異質な概念である。悪の秘密結社のリーダーたちは、我々の文明全体を脅かしている。今日、非常に活発に活動している秘密カルトには、グノーシス主義、ディオニュソス教団、そして本書の主題であるローマクラブ教団がある。しかし、この作品の原点に戻らなければならない。それは、「フランス革命」というタイトルで近代史にある。

現代の歴史書は、いわゆるフランス革命のルーツがイギリスにあり、悪魔崇拝者のシェルバーン伯ウィリアム・ペティが、イギリス東インド会社（BEIC）

の経済学者マルサスとアダム・スミス、そして大量
殺人者のダントンとマラトを育てたことを教えてい
ない。ダントンとマラは、イギリスでシェルバーン
と過ごした後、パリに連れて行かれ、無防備で無防
備なフランス国民と王政に対して、血の気の多い乱
痴気騒ぎを繰り広げました。数年後、ミルナー卿は
、無防備なキリスト教徒ロシアにレーニンを放ち、
フランス革命のほとんどコピーに近いことをするこ
とになる。

フランス革命の原動力はイルミナティという秘密結
社で、ロンドンのカトール・コロナティ・フリーメ
ーソン・ロッジとパリのナイン・シスターズ・フリ
ーメーソン（オリエント）・ロッジが組織したもの
であった。ローマクラブの成り立ちを理解するため
には、イルミナティの簡単な歴史が不可欠である。
イルミナティの起源は、統一されていないが、薔薇
十字団が古代カルデア人、マギ、エジプト神官から
受け取ったとする「賢者の石」など、多くの秘密の
マスターと呼ばれる人たちが起源であることが一般
に知られている。

薔薇十字団は、ある種の麻薬を使うことで人間の生
命を守ることができると主張し、また、若さを取り
戻すことができると主張しています。彼らは「不死
者」とも呼ばれ、すべての謎が解明されていると教
えている。当初は「見えない同胞」、後に「薔薇十
字団の同胞」と呼ばれるようになった。薔薇十字団
の一派は、「スウェーデンボルグ儀式」または「ス
トックホルムイルミナティ」と名乗っている。1881
年、マスターメイソンであったエマニュエル・スウ

ェーデンボルグによって設立され、スウェーデンボルグが生まれたスウェーデンのルンドにあるロッジの会員名簿には、今も彼の署名が残されている。スウェーデンボルグ儀式は、1783年に設立されたイルミナティのアビングドン教団を改変したものに過ぎない。当時も今も、王侯貴族や上流社会の人々がこの秘密結社の指導者であった。しかし、イルミナティの主要な教団は、1776年5月1日[er]に、インゴルシュタット大学のカノン法教授であったあるアダム・ヴァイスハウプトによってバイエルンで設立されました。

ヴァイスハウプトはイエズス会の教育の賜物であり、イルミナティは金十字教と非常によく似ている。繰り返すが、イルミニズムは明らかにメイソンリー、薔薇十字団、テンプル騎士団、あるいはフランス・メイソン・ディグリーズ騎士団と結びついている。その背後には、カバラを学んだモーゼ・メンデルスゾーンがいた。彼の目的は、一つの世界政府、つまり新世界秩序の樹立であった。イルミナティの主な活動は、昔も今も、キリスト教に対する戦争であり、その戦いは、キリストの生涯と教えに対する恥ずべき告発によって行われる。政治的に言えば、イルミナティはすべての政府、特にキリスト教の宗教を実践する政府の既存の秩序を転覆させるために活動しています。そのメンバーは、上官への盲従と、フランス革命とともに動き始めた新世界秩序の確立という秘密の革命的な計画にコミットしている。

イルミナティがフランスのキリスト教王政を破壊する計画を立てたのは、ジェイコブ・ラングというイ

ルミナティの伝書使が、バイエルンのロッジに革命の指示を届けるために馬に乗ったまま落雷で死亡したことがきっかけであった。その後、ラングの書類はバイエルン当局の手に渡り、その後、フランスに対する陰謀の詳細を記した書類を詰めた鉄の箱も発見された。イルミニズムはミラボー侯爵によってフランスに導入され、後にフランスのグランドオリエント・フリーメーソンのグランドマスターであるオルレアン公爵によって採用された。また、当時最も注目されていたタレーランをイルミニズムに入会させることも決定した。イルミナティ教団の信奉者が行う腐敗行為のひとつに去勢がある。ハンガリーの元独裁者ヤーノシュ・カダールは、この儀式を本当に受けたと公言している。

第2章

クラウリー、パイク、マッツィーニ

フリーメイソンもイルミニズムも滅びはしない。インテリジェンス界では、両者はフランス革命当時より現在の方が強いと考える人もいる。

イルミニズムとメイソンの世界的リーダーであるギゼッペ・マッツィーニとアルバート・パイクの死は、この二つの組織の成長と方向性に変化をもたらすものではなかった。

私がメイソンリーについて言及すると、間違いなく一部の人は気分を害するでしょう。メイソンの機嫌を損ねるつもりはない。私は、世の中のある事象がどのように、そしてなぜ起こるのかを、正確に説明しようとしているだけなのです。

アメリカのメイソンは、自分たちのメイソンがヨーロッパのメイソンと違うという間違った主張をしている。薔薇十字団のカバル派であるレオン・テンプラーとジェイコブ・レオンは、英国グランドロッジとそのエンブレムを共同でデザインした。

アングロサクソンのメイソンとヨーロッパのオカル

トメーソンであるグランドオリエントとの間には、明確なつながりがあるのだ。オカルト」と言ったのは、ドイツの偉大な将軍ルデンドルフがそう呼んだからだ。ヨーロッパのバラ十字メイソンとアメリカのメイソンとのつながりは、常に密接であり、現在もそうである。

メーソンの三大礼拝は

➤ フリーメイソンのスコットランドの儀式で、33の学位がある。

➤ ミズライムの儀式（エジプト儀式）、96度あり。

➤ ヨーロッパのメイソンが基本的に踏襲している東方儀礼。

*Grand Mystic Temple*の著者であるJohn Harker氏は次のように語っています。

> 私たちイギリス人は、こうしてスコティッシュ・ライトに加わり、ミズレイムと同盟を結び、そして今、メンフィスと同盟を結んでいるのです。前者では、さまざまな偉大な最高評議会と関係を築き、1786年の偽りの憲法に代わって1862年の法令を改訂し、1884年にはミズライムで、ナポリやパリの古代団体と、メンフィスではアメリカ、エジプト、ルーマニア、およびこの儀式で活動する諸団体と関係を築いた。また、この3つの儀式では、外国の憲章を受け入れ、我々の本来の力を確認しています。

これで、アメリカのメイソンがよく引き合いに出す「アングロサクソンのメイソンは、ヨーロッパのメ

イソンと何の関係もない」という誤解は解けたはず
だ。ハーカーは大神官なのだから、やはり知ってい
るはずなのだ。

1912年11月11日、ハーカーはミズレイムの儀式の96^{è}^{me} degreeより1つ上のImperial Grand Masterに選出された。1913年の死後、ヘンリー・メ
イヤー、そして33^{ème} 、90ème 、96ème
度のパトリオット・グランドマスターであるアリス
テア・クロウリーが後を継いだ。したがって、アメ
リカのメイソンは、それを知ってか知らずか、ヨー
ロッパのメイソンの不可欠な一部であることは明ら
かであり、ほとんどの人が知らないというのが実情
である。クロウリーは、秘密結社の歴史の中で最も
野獣的な人物であり、ローマクラブ（COR.）の政策
に大きな影響を与えることになった人物である。

クロウリーは、マルサスやアダム・スミス（BEIC、
現在では300人委員会として知られる英国東インド会
社の使用人）の言葉を好んで引用していた。二人と
も、ジョージ3世が「自由貿易」という一方通行の手
段で、アメリカの植民地を破滅させようと協調して
いたことに、主導的な役割を担っていた。

マルサスとスミスは中華民国の「お気に入りの息子
」になっている。BEICの計画と中華民国の現在の政
策、特に米国の産業支配の終焉を目指した中華民国
の「ポスト工業化ゼロ成長」政策との関連性は非常
に分かりやすいと言える。ローマクラブが信奉する
基本的な宗教はグノーシス主義であり、ボゴミール
やカタールのカルト教団である。英国王室のメンバ

ーは、これらの「宗教」を固く信じており、全体として、王室のメンバーは確かにキリスト教徒ではない、と言うのが正確なところである。また、「300人委員会」との関連も非常にわかりやすい。

クロウリーは、オカルト悪魔学の重要な要素である儀式殺人に150人以上参加したと言われている。犠牲者のほとんどは子供で、銀のナイフで殺された。このような獣のような習慣は現在も続いており、そのため、行方不明の子供が多数存在するのだろう。クラウリーは、原爆スパイ事件におけるイギリスの有力者の多くがそうであったように、今でも中華民国のヒエラルキーから非常に尊敬されている人物である。アンソニー・ブラントは、KGBのエージェントであることが暴露される前は、女王の芸術の番人[2]（非常に高い称号）、クロウリーの大信奉者であった。

要するに、ナイト・カドシュ級から上のメイソンは、既存の秩序に対する永久的な反乱であり、キリスト教とアメリカ合衆国共和国の転覆を目的としている--
中華民国と同じである。メイソンが我々の間で繁栄し続ける限り、混沌と不安は続くだろう。なぜなら、それがすべての革命的秘密結社の意図と目的だからだ。現代のローマクラブは、自由の破壊を目的とする秘密結社の連続した連鎖に過ぎず、それは我々

---

[2]女王の美術品管理人、Ndt.

が現在暗黒時代と呼ぶ期間に発生したものである。
したがって、中華民国は新世界秩序のプロジェクト
であり、新暗黒時代と呼ばれる普遍的な奴隷制への
移行をより迅速に行うための一国政府であり、300人
委員会の支配下にあると考えてよいだろう。

第3章

クラブ・オブ・ロームとは？

ローマクラブは、バチカンやカトリック教会とは何の関係もないのだから。悪人たちが日夜働いている間、クリスチャン・アメリカは眠っている。私がこの本の初版を書いた1970年当時、300人委員会の手になるこの最強の秘密結社の存在を知っていたのは、シークレットサービスのほんの一握りの人間だけであった。

ローマクラブは、$12^{\text{ème}}$
世紀にジェノバやベニスを所有し、支配していた古代の家系の子孫である、いわゆるヨーロッパの黒い貴族の最古参メンバーで構成されています。彼らは、汚い手口、殺人、テロ、非倫理的な行動、悪魔崇拝など、「黒い」行為を行うことから、「黒い貴族」と呼ばれています。彼らは、自分たちの邪魔をする人間には、躊躇なく武力を行使してきた。それは、$13^{\text{ème}}$ から$18^{\text{ème}}$
世紀までの期間と同様、今日も変わらないのである。

ベネチア黒貴族は「ジャーマン・マーシャル・ファンド」と密接な関係にあり、これもローマクラブの

ように、不用心な人を騙すために付けられた名前である。ベネチアの黒人貴族は、全ヨーロッパの中で最も裕福で古い家系で構成されており、その富は例えばロックフェラー家をはるかにしのぎ、彼らは世界最強の統制機関である300人委員会の一員である。ベネチアの黒人貴族の中で最も古い王朝のひとつがゲルフ朝である。例えば、エリザベス2世はブラック・ゲルフの血を引いており、彼女の曾祖母ビクトリアはこの家系の子孫である。中華民国には黒人貴族やヨーロッパの王族が多く、工業・農業大国であるアメリカの解体を目標としている。そのほかの目的は目に見えにくく、より複雑な性質を持っているので、まずは中華民国の特別会議の内容から、何が語られ、誰が語ったのかを詳しく説明することにする。

1980年11月の選挙でレーガンが勝利したことを軽蔑するかのように、彼らはワシントンD.C.で会合を開くことにした。情報将校が密かに記録した議事録によると、議題はアメリカの工業中心地をいかに解体し、ある代表が「余剰人口」と呼ぶものを排除するかということであった。これは、バートランド・ラッセル卿が著書『科学が社会に与える影響』で堂々と打ち出した計画に沿ったものであった。また、アメリカの内政を掌握する方法についても議論が交わされた。代議員の多くが旧黒人階級の出身であったり、長年彼らの下で働いてきた者であったため、議論された扇動やテロ戦術は、アメリカ政府と国民に対する直接的な挑戦であった。

問題は、アメリカ国民がこの危険なブラック・ノビ

リティーズのサトラプスの会合について何も知らず、メディアのジャッカルもコンクラーベの意図と目的について啓発する準備ができていなかったことである。それは、史上最高の機密事項の一つであった。この会議は、第二次世界大戦中のモーゲンソー計画グループの中心メンバーで構成されたドイツのマーシャル基金が主導し、資金を提供した。彼ら自身は、由緒あるエルサレムの聖ヨハネ騎士団のメンバー3、4人で統制されている。

この組織は、戦後ドイツを脱工業化し、分割し、国土の残りを農地にする計画の背後にいたのである。ドイツ民族を完全に抹殺しようとしたのは、シオニストでドイツを激しく憎んでいたモーゲンソーであった。ジャーマン・マーシャル・ファンドは、300人委員会の企業や、ウォール街やロンドン・シティの国際銀行家たちから莫大な資金を得ていた。彼らは、世界最大の奴隷国家を設立したボルシェビキ革命に融資し、有名な作家アレクサンドル・ソルジェニーツィンが記録しているように、何百万人ものキリスト教徒の非道な死をもたらした人々と同じ人々なのだ。ジャーマン・マーシャル・ファンド」の会長は、デービッド・ロックフェラーである。ロックフェラーは、彼や彼の家族が金持ちで有名になって以来、あらゆる色や系統の革命グループに資金を提供することにかけては見境がない。

今回のROC会議では、クラブ員にとって意外な出来事であったレーガン大統領の誕生をいかにして覆すか、ということが議題となった。焦点は、当時のレーガン候補が約束した景気回復を阻止することにあ

る。そのためには、民主党を急進させなければならないと、代表者たちは言われた。民主党』などというものは存在しない。アメリカがそうであるように、南部連合共和国や立憲共和国には民主党は存在し得ないのです。レーガン次期大統領を社会主義化するには、側近の保守派を追い出し、民主党を1848年の共産党宣言にならった反資本主義の強力な社会主義政党にすることが最良の方法だとされた（1989年にキャピタルゲイン課税が成立したのは、中華民国の計画の直接的成果である）。

実際、1980年以降、民主党は社会主義・共産主義政党の役割を担い、「米国社会主義・共産主義政党」と呼ぶべき存在になっている。1980年のワシントン会議に出席していたのは、イギリス社会党のリーダーで、フェビアン社会主義の代表的な戦略家であるアンソニー・ウェッジウッド・ベンであった。ベンは、そのための包括的なコンティンジェンシー・プランを描くという課題を語り、それにレーガンとアメリカ国民の間の「階級闘争」の提案も付け加えた。最初の会議から1ヵ月後、ローマクラブは2回目の会議を開くためにワシントンに戻ってきた。この会合では、醸造王ジョセフ・クアーズが資金を提供するワシントンの「シンクタンク」、いわゆる保守派のヘリテージ*財団*を代表する代表者の話を聞くことができた。

そして、ヘリテージはレーガン大統領の事実上の人材紹介会社となり、レーガン政権の要職にふさわしいと思われる3,000人の名前をリストアップして提出したのである。ヘリテージの推薦者は、ほとんどが

キャリア・リベラルで、マルクスの極左の社会主義者であった。

1980年、ヘリテージ財団は、ミルナー・グループ（ミルナーは、南アフリカの金とダイヤモンドの支配権を得るために行った残酷な大量虐殺戦争、アングロ・ボーア戦争の張本人である）を背景にしたファビウス派の大社会党、ピーター・ビッカーズ・ホール卿によって水面下でコントロールされていた。KGBのヨーロッパでの重要なコンタクトの一人である故Willy Brandtと故Olaf Palme、当時失業中であったが、まもなく300人委員会によってフランスの政権に復帰したFrançois Mitterrand、反逆の元CIA職員Philip Agee、イタリアの有力社会学者Bettino Craxi、ワシントンDCの民主社会研究所のマイケル・ハリントンが出席している。C.と無名のスペイン人社会主義者フェリペ・ゴンザレスは、ワシントンに飛ぶ前にカストロと相談するためにハバナに立ち寄っていたのだ。

NRCはゴンザレスをニカラグアとエルサルバドルの担当大使に任命したが、カストロが活躍した中南米の戦争にゴンザレスがどれだけ関わってきたか、興味深いところである。2000人以上の代表者が参加したこの素晴らしい会議が、メディアによって完全に隠蔽されてしまったのだ。1980年11月、この会合から3日以内に、この社会主義指導者たちの不浄な会合に関する完全な資料を入手したのは、私の情報網への賛辞といえる。中華民国代表団は、アメリカの葬送儀礼と認識し、エイジとハリントンの他に、ジェ

リー・リフキン、政策研究所（IPS）のガー・アペロ
ビッチ、アメリカを代表する社会学者、）カリフォ
ルニア州のロン・デラムス、1920年代から1930年代
にアメリカを巡回していた共産主義指導者のマダム
・コロンテイの著作から生まれたカウンターカルチ
ャー、ウーマンリブ/EEGを主催するグローリア・ス
タインヘムが出席していた。代表者たちは、可能な
限り破壊的なチームを結成した。この会議には、パ
ルメ、ブラント、ベンのほか、社会主義インターナ
ショナルのメンバーで、サイラス・バンス、ヘンリ
ー・キッシンジャーら国務省の高官と毎日のように
会っていた主要な代表者が多くいた。

ご存知ないかもしれないが、社会主義インターナシ
ョナルは特に危険で破壊的な組織であり、アメリカ
に対抗するための「不安定化の道具」として、麻薬
やポルノを合法化することを全面的に支持している
のだ。議論の詳細は公表されなかったが、私に提供
された資料によると、中華民国は米国を孤立させ、
国務省やKGBの最悪の要素に一本の道を開くことを
計画していたようである。これは、反逆罪や反乱罪
の匂いのする状況であり、言うまでもなく、2つの中
華民国会議に出席した人々は共謀罪に問われるべき
ものであった。

どうやら、ラッセル卿が提唱した、産業を抑制し、2
0億人以上の「無駄飯喰らい」を世界から一掃する計
画を実行するために、丸一日を費やしたようである
。アダム・スミスやマルサスの経済理論やラッセル
の著作にならって、原子力発電所の建設を中止させ
、ゼロ成長政策を推進する努力を重ねることになっ

た（近刊『原子力発電』参照）。

社会主義インターナショナル（SI）は、長い間、大都市を解体し、人口をより小さく管理しやすい（つまりコントロールしやすい）都市や田舎に移動させることを提唱してきた。

このような実験は、カンボジアのポルポト政権が、アメリカ国務省の高官であったトーマス・エンダースの知るところとなり、初めて行われた。

第4章

世界的な大虐殺のリンク

ローマクラブは、SIと同様、反国家的な性格が強く、アメリカ、イギリス、ヨーロッパ、そして最近では日本でも科学の発展を抑圧することに賛成している。CORは、赤い旅団などのテロ組織と何らかのつながりがあったと考えられている。

この措置は、中華民国の元指導者で、銀行強盗や身代金目的で公人を誘拐した悪名高い凶悪犯バーダー・マインホフ一味と接触していたことでフランスとドイツの諜報機関に知られていた、反社会主義のベッティノ・クラクシを通じて実施された。

誘拐されたアメリカ人ドージャー将軍の解放のために赤い旅団と交渉しないというイタリア政府の決意を何度も崩そうとしたのはクラクシであった。

クラクシは、「300人委員会」の幹部だったリチャード・ガードナーや、ヘンリー・キッシンジャーと非常に親しい間柄だった。ガードナーは、ヴェネチアの黒人貴族の中でも最も強力な一族で、何世紀にもわたり悪巧みとテロリズムの手腕で知られるルッカッティ家に嫁いだ。

クラクシもミッテラン元フランス大統領も1980年には公職に就いていなかったが、1971年に『ワールドインレビュー』（WIR）で何度か報告したように、クラクシはイタリア政界で、ミッテランはフランスで政権復帰する運命にあった--
ローマクラブのおかげである。

これらとゴンザレスの予測は100%的中することが証明された。1980年12月5日、ワシントンD.C.で開かれたCoRの初会合のフォローアップ会合で、CoRの*グローバル2000レポート-世界的大量虐殺の青写真-*
が承認、受理された。この報告書は、2010年までに20億人の死者を出すことを求めたものである（だから、このタイトルなのだ）。この計画は、最近の中国での大地震のような、世界中のいくつかの大惨事と関連づける多くの証拠がある。

第2回大会では、増え続ける高齢者を処分するための安楽死政策も採用され、代表者たちは、中華民国から見て「余剰」である数百万人の人々を表す合言葉として、ラッセルの言葉「無用喰らい」を熱狂的に採用しました。

黒人やアジア人など有色人種の「過疎化」を良しとする人もいるだろう。"すでに（アジアの）インド人、中国人、黒人が多すぎる。"ある男性は、"それなのに、なぜ反対するのか"と書いてきた。".

実は、屠殺される運命にあるのはこれらの品種だけでなく、アメリカの「余剰」産業労働者もグローバル2000の報告書のターゲットになっているのである

。両協会の代表者たちは、自分たちの計画を成功さ
せる自信に満ちあふれていた。

1993年12月、ドイツで行われた25周年記念式典は、
これまでの成果を示すためのものであった。

1969年に中華民国の存在を初めて明らかにした時、
私は馬鹿にされ、嘲笑されたからである。「この考
えは、あなたの野生の想像の産物です」と、ある男
性は書いている。また、別の人はこう言った。"ロー
マクラブ
"の報告書の資料はどこにあるのですか？「1980年12
月の会談は、マスコミが総力を挙げてスクープを狙
うほど重要なものであった。でも、そうじゃなかっ
た。マスコミはこの事件を黙殺し、主要な報道機関
、ラジオ、テレビでは一切触れなかった。これをア
メリカ流に言うと「報道の自由」です。アメリカ国
民は、世界で最も嘘つきで、加担し、騙されている
国民である。また、私たちは最も検閲された人々で
もあります。この場合は、省略による検閲です。

代議員は何を望んでいたのか。ハリントンは「ウィ
リー・ブラントはヨーロッパの社会的混乱を望んで
いる」と説明したが、現在のドイツの社会的混乱が
その計画の一部であることを忘れてはならない。事
故ではないのです。社会的な激変が米国に訪れない
と考えるべきではありません。

中華民国は、南アフリカ、フィリピン、イラン、中
米、韓国で革命の火の上に座るカーターの外交政策
に見られるように、1848年の共産党宣言の実現に専

念しているアメリカの最も社会主義的な政府、すなわちカーター政権の協力を享受してきた。クリントン大統領とブッシュ大統領は、ユーゴスラビアで見たように、この松明を拾い上げました。

ポーランドは、元駐ローマ米国大使のリチャード・ガードナー氏が組織したゲレク大統領の弾劾によって、不安定な状態に陥った。

中華民国会議の主な成果の一つは、レーガン大統領に対して、国際決済銀行の駐米代表であるポール・ボルカーを違法な連邦準備銀行のトップとして留任させるよう圧力をかけたことであった。連邦準備制度はアメリカ政府の機関ではない。ルイス・T・マクファーデンが「歴史上最大の詐欺」と呼んだように、よく描写されている。

レーガンがアメリカからボルカーを追い出すと公約したにもかかわらず、ボルカーの存続を主張したのは、イギリスの著名な労働党指導者であるアンソニー・ウェッジウッド＝ベンであった。ベンは、アメリカに「階級闘争」をもたらすには、ボルカーが最適の人物だと考えていた。ベンは、この試みでボルカーを助けるためにリフキンを任命し、彼は「アメリカ人を極端にする」と言った。中華民国は、金利を高くし、常に変動させることで通貨を不安定にする計画を採用する。

国際金利の安定に貢献したヘルムート・シュミット（当時ドイツ首相）を辞めさせようとしたのだ。ピーター・ビッカース・ホール卿は、産業界への設備

投資を止めるには、アメリカの金利を20%まで上げるのが一番だと訴えた。ボルカーはROCの会合に顔を出さないように注意していたが、ヘリテージ財団のホールから説明を受けたと思われる。ヘリテージ社のマネージング・ディレクターであったスチュアート・バトラー氏は、COR社の代表者たちにこのように語っている。

> レーガン政権で、右翼政権が誕生し、過激な左翼思想を押し付けることになる。共産主義者、無政府主義者、自由主義者、宗教的セクト（彼は悪魔崇拝、ブードゥー教、黒魔術、呪術などについて話していた）が自分たちの哲学を提示してはならない理由はない。

バトラーは、レーガン政権に「自由企業区」という古い社会主義的な教義を押し付けることを提案した。自由企業区域は、中国本土はもちろん、マニラや香港などにもある。文字通り「奴隷屋」である。

バトラー氏は、産業が根こそぎ破壊された地域に、自由企業区域を作ることを呼びかけた。バトラー氏は、製鉄所の閉鎖、工作機械工場の閉鎖、造船所の閉鎖を想定していた。

香港でよく見られる自営の「産業」は、ポスト工業化ゼロ成長プランによれば、過疎化した都市から避難してきた人々の雇用手段として適しているのだろう。

第5章

男は虫けら

レーガン政権下の1981年に書かれたこの警告に注目する読者はほとんどいないだろうと思っていた。しかし、イルミナティの使者であるランゲの遺体から発見された文書を、誰も信じなかったことを忘れてはならない。ヨーロッパの王族たちは、イルミナティがフランスで血なまぐさい動乱を計画しているというバイエルン政府が出した「警告的な報告」に耳を傾ける気分にはなれなかったのです人は自分の平穏な生活を乱されることを嫌う。前述のように、中華民国はイルミナティと米国の13大イルミナティファミリーの指揮系統を表している。ジャコバン派のフランス革命の計画には、何百万人もの「余剰」フランス国民、特にこの野蛮な行為の矢面に立たされたブルトン人のケルト人キリスト教徒の殺害が含まれていたことを忘れてはならない。このことを考えると、1980年12月の中華民国会議でのミッテランの発言は、決して軽んじてはいけない。

資本主義的産業発展は、自由の敵であり、その反対である。

ミッテランは、工業の発展が、すなわち協力によっ

て人々によりよい生活を与えたということであり、人々がよりよい生活を手に入れると、より大きな家族を持つようになるということであった。したがって、資本主義的な産業開発は「自由の敵」であり、単に大規模な協力（産業開発）は、（300人委員会が管理する）天然資源をより多く消費する傾向があるからである。

これがローマクラブの政策の背後にあるねじれた論理であった。

1982年3月にパリで開かれたNRCのフォローアップ会合で、クラブの創設者であるアウレリオ・ペッチェイは次のように発言している。

> *人間は昆虫と同じです。増殖しすぎて…。世界文化の邪魔をする国民国家という概念に、今こそ審判を下すべき時だ。キリスト教は人に誇りを与える。死んだ文化やクラシック音楽、紙の上の抑圧的な看板しか生まない商社社会。*

あなたが信じるかどうかは別として、私の記事は、ジャコバン派のテロ集団に相当するものが、やがて無防備な我が国に解き放たれるという、米国市民への警告を意図したものである。ジャコバン型の暴徒は、アメリカでの生活様式に根本的な変化をもたらすために採用され、その変化は最大で1000年続くかもしれない。

中華民国の政策は、人がどんどん減り、*消費も減り*、*サービスも要求されなくなることだ、ぜひとも。*これは、より多くの人々が、より良いモノ、サービ

ス、ライフスタイルを求めるという、共和制のもとでの生産的な社会の本質を完全に覆すものである。ペーチェイ氏は、ボルシェビキ革命に見られるように、宗教を装いながら宗教ではない、人間の生活を細部に至るまでコントロールするための政治・経済システムであるオカルト神政について何も語らなかったのは重要なことである。ペーチェイとローマクラブは、フランス革命とボルシェビキ革命、社会主義者、イルミナティ、そして米国を民主主義と婉曲的に呼ぶ奴隷国家に変えようとする無数の秘密結社の後継者たちである。米国は南部連合共和国または立憲共和国である。それは、自由な社会を破壊してきた長い歴史を持つオカルトエリートが国民に押し付ける体制であり、決して民主主義ではありえない。

建国の父たちが言ったように、*歴史上、純粋な民主主義はすべて完全な失敗に終わっており*、彼らは米国が失敗した民主主義のように終わることを意図していなかったのだ。

ローマクラブの代表者たちは、ヨーロッパにアメリカの核ミサイルを配備しないことを約束し、私たちは1981年12月5日にそれが実現するのを見た。数百人の中華民国の「ジャコバン」たちがパリやハンブルグの街に繰り出し、暴動や市民騒動が数日、数晩にわたって続いた。

注）1989年、暴徒鎮圧作戦が成功した。フランスのジスカール・デスタンは、ヨーロッパの核の傘に賛成していたので、中華民国は彼を排除し、社会主義

者のミッテランに交代させた。*民主主義社会では、
自殺する権利は人権の最も基本的なものだ*」。これ
は、人間は創造の中の一種の事故であり、世界の大
多数の人口集団は必要とされず、その意見を考慮さ
れるべきではないというペーチェイの信念と一致し
ている。これは、エジプト、ユダヤ、シリアなど、
古代世界の多くの地域で栄えたオカルト神権政治の
一種で、ディオニュソス教団が重要な役割を果たし
たものである。ローマクラブの会議では、その主な
目的と目的が、……であることが非常に明確になった
。

- ➤ 産業の発展を遅らせる
- ➤ 科学的研究を遅らせる。
- ➤ 都市、特に北米の旧工業化都市は過疎化が進
  んでいる。
- ➤ 地方への人口移動
- ➤ 世界人口を少なくとも20億人削減する。
- ➤ 中華民国の計画に反対する政治勢力の再編成
  を阻止する。
- ➤ 大量解雇や雇用喪失、階級闘争や人種闘争を
  通じて、米国を不安定にする。
- ➤ 高金利とキャピタルゲインへの高税率によっ
  て、個人の起業家精神を破壊する。

さて、私のレポートを「奇想天外」「奇想天外」と
呼ぶ懐疑論者のために、このグループが1980年11月
と12月に集まり、1981年12月5日に再び集まって以来
、下院と上院を通過した法案をご覧ください。メデ
ィアが、不作為にせよ、委託にせよ、アメリカ人に
激しい検閲を課してきたという事実は、このレポー

トを不正確で空想的なものにするものではない。ジキル島の陰謀家たちが集まって、後に連邦準備制度法と呼ばれるアメリカの通貨制度に対するクーデターを起こしたとき、誰もそのことを知らなかったことを思い出す価値がある。中華民国の計画も同じ条件である。

フローレンス・ケリーの立法活動の究極の目標は、アメリカの社会主義化であり、それはフランクリン・D・ルーズベルトとジェームズ・アール・カーターの政権下で恐るべきスピードで具体化しはじめたのである。フローレンス・ケリーは、ルーズベルトが政策決定の際に参考としたフェビアン社会主義者の一人であり、ルーズベルトはケリーにアドバイスを求め、受け取った。振り返ってみると、産業中心地の広大な地域が荒廃し、4千万人もの産業労働者が永久に解雇され、人種間の争いが日常茶飯事になっているのです。また、この偉大な国の将来に直接影響を与える数々の社会主義法案、アメリカの農民の土地を奪うための農業法案、「犯罪」法案、「教育」法案などは100％違憲である。

わが国の政府が、米国内で社会主義的な事業を行うことをためらうとは思わないでください。また、これらの計画を実行するために外国の軍隊を必要とすることもないでしょう。ヨーロッパとアメリカは、ドラッグ、セックス、ロックミュージック、快楽主義によって衰退している。アウレリオ・ペッチェイに蔑まれた文化遺産を、私たちは失いつつあるのです。アメリカのヒエラルキーは、世界一のトラブルメーカーである。第二次世界大戦後、私たちは国々

を不安定にし、その国の個性やアイデンティティー
を破壊する責任を負ってきました。南アフリカ、ジ
ンバブエ（旧ローデシア）、韓国、フィリピン、ニ
カラグア、パナマ、ユーゴスラビア、イラクなど、
アメリカに裏切られた国を見てみよう。

第6章

外交政策決定

私たち国民は政府から排除され、無視され、私たち
の運命は、中絶者、赤ん坊殺し、社会主義者の権力
奪取者、あらゆる種類の現代の利益主義者など、武
器奪取者と憲法を尊重しない人々の手に委ねられて
いる。古今東西のオカルト神権に容易に見られる共
通項は、血への渇望である。

歴史を見ると、歴史書のページはキリスト教、まと
もな共和制代表制政府の殉教者たちの血で染まって
いることがわかる。これらの実際のホロコーストは
、記念することはおろか、ほとんど記憶されていな
い。ローマクラブにはアメリカ支部があり、年々そ
の勢いを増している。ここでは、そのメンバーを紹
介する。

> ➤ **ウィリアム・ウィップシンガー**国際機械工学
> 会（International Association of Machinists
> ➤ **サー・ピーター・ヴィッカーズ・ホール**ヘリ
> テージ財団のバックステージモニター

> スチュアート・バトラーヘリテージ財団[3]
> スティーブン・ヘスラーヘリテージ財団
> レーン・カークランドAFL CIO 事務局長
> アーウィン・スオールM16とADL剤
> ロイ・マラス・コーン故ジョー・マッカーシー上院議員の元顧問。
> ヘンリー・キッシンジャーイントロダクションは必要ありません
> リチャード・ファルクプリンストン大学（南アフリカ、イラン、韓国に戦争を仕掛けるためにNRCに選ばれた）
> ダグラス・フレイジャー全米自動車労働組合
> マックス・フィッシャーユナイテッド・ブランズ・フルーツ・カンパニー
> アヴェレル・ハリマン民主党の長老で、ロックフェラー家の社会主義者の腹心。
> ジーン・カークパトリック元米国国連大使。
> エルモ・ザムワルト米海軍提督
> マイケル・ノバックアメリカンエンタープライズ研究所
> サイラス・ヴァンス元国務長官
> エイプリル・グラスピー元駐イラク大使
> ミルトン・フリードマンエコノミスト
> ポール・ボルカー連邦準備銀行
> ジェラルド・フォード前大統領
> チャールズ・パーシー元米国上院議員
> レイモンド・マティウス元米国上院議員

---

[3]ヘリテージ財団、NDT

> マイケル・ハリントンフェビアン協会会員
> サミュエル・ハンティントン中華民国の目標国破壊の主計画者
> クレイボーン・ペルアメリカ合衆国上院議員
> パトリック・リーヒーアメリカ合衆国上院議員

これは、米国支部のROCメンバーの完全なリストでは決してありません。全リストを持っている人はほとんどいない。ローマクラブは、300人委員会の重要な国際外交政策機関である。

委員会の外交政策決定の実行者であり監督者である。NRCは、ドイツとは全く関係のないジャーマン・マーシャル・ファンドから資金援助を受けているが、これは錯覚を起こさせるために付けられた名前である。ジャーマン・マーシャル・ファンド（German Marshall Fund）のメンバーは以下の通りです。

> ミルトン・カッツフォード財団
> デビッド・ロックフェラーチェースマンハッタン銀行
> ラッセルトレイン世界自然保護基金会長、アスペン研究所所長
> ジェームズ・A. パーキンス英国カーネギー・トラストと友の会（クエーカー）の支部であるカーネギー社。
> ポール・G・ホフマンニューヨーク生命保険株式会社 モーゲンソー計画設計者
> アーヴィング・ブルーストーン全米自動車労働組合執行委員会

- ➢ **エリザベス・ミッジリーCBS** プロデューサー
- ➢ **B.R.ギフォード**ラッセル・セージ財団
- ➢ **ウィリー・ブラント**社会主義インターナショナル元会長
- ➢ **ダグラス・ディロン**元米国財務長官。
- ➢ **ジョン・J・マクロイ**ハーバード大学、モーゲンソー計画の監修者
- ➢ **デレク・Cボク。**ハーバード大学
- ➢ **ジョン・B・キャノン**ハーバード大学

ワシントンD.C.で開催される中華民国会議のスポンサーであるジャーマン・マーシャル・ファンドは、全世界の社会主義確立のために強力な支援を行っているが、その目的を簡単にまとめると、次のようになる。その主な指導者は、旧黒人貴族とヨーロッパの貴族から選ばれている。彼らの政治的目的は、独裁政治、神権政治、オカルト神権政治の最悪の特徴をすべて政府に導入することである。

国家のアイデンティティと主権の破壊は、彼らの主要な目的の一つである。米国政府には、地方、州、連邦レベルで、文字通り何百人ものエージェントがいる。

ジャーマン・マーシャル・ファンドが、アメリカの社会主義化計画全体をどれほど進めてきたかは、何十人もの下院議員の記録を見れば一目瞭然である。なぜ社会主義が気になるのですか」と聞かれることがあります。"

その答えは、社会主義が西洋文明が直面している「

イズム」の中で最も危険だからである。それは事実上、忍び寄る共産主義である。

第7章

社会主義とは何か？

かつてフェビアン社会主義の指導者の一人が言った
ように。

> *"社会主義とは共産主義への道に他ならず、共産主
> 義とは社会主義を急いだものに他ならない。"*

アメリカ国民は完全な共産主義を受け入れないので
、共産化のプロセスが完了するまで、無防備な大衆
に社会主義を一杯食わせる必要がある。

NRCの場合、モーゲンソーグループの聖域であった
ドイツの元社会党大統領、故ウィリー・ブラントや
ジョン・J・マクロイといった筋金入りの社会主義者
を起用したのだ。

第二次世界大戦後、マクロイは敗戦国ドイツの「高
等弁務官」となり、非工業化された牧畜国家となる
よう懸命に働きかけた。

このとき、レスリー・ゲルブやジミー・カーターの
国務長官だったサイラス・ヴァンスという、社会主
義者に深く傾倒した人物が大きな助けとなった。ゲ
ルブとバンスは、長いSALT交渉の間、米国に不利に

なるように精力的に働きました。

ドイツ・マーシャル基金のメンバーであるモーゲンソー計画委員会の内部の支配的なグループは、次のような人たちである。

➢ **アヴェレル・ハリマン、ブラウン・ブラザーズ・ハリマン、ウォール街の銀行家。**

ハリマンは、ソビエトを一つの世界政府に引き入れる努力をするアメリカの主要な役人であるが、スターリンはアメリカ主導の新世界秩序に強い反対と不信感を持ち続け、これを拒否する。

➢ **トーマス・L・ヒューズ**

ブラウン・ブラザーズ・ハリマン社でパートナー。モーゲンソー計画の設計者。

➢ **ロバート・アバクロンビー・ラヴェット**

ブラウン・ブラザーズ・ハリマンのパートナーで、モーゲンソー計画の設計者。

➢ **オランダのベルンハルト王子**

ロイヤル・ダッチ・シェル（300人委員会の有力企業の一つで、ビルダーバーグ・グループの創設者）の幹部。

➢ **キャサリン・マイヤー・グラハム（現・故人）**

マイヤー家の一員であり、バーナード・バルークや
ウィルソン大統領とも親交があった。彼の父親は、
第一次世界大戦の国債を複製し、その偽造国債で得
た数百万ドルを保管していたと言われている。彼は
起訴されることはなかった。

グラハムの夫は非常に不審な状況で死亡した。諜報
機関では、彼は殺され、彼の妻がそれに関与してい
ると考えているが、何も証明されていない。マイヤ
ー一族は、巨大な投資銀行「ラザード
フレール」を支配していた。

> **ジョン・J・マクロイ**

財務アドバイザーを務める欧州王室付属300人委員会
の複数の会社のコントローラー。

> **サミュエル・ハンティントン教授**

熱烈なシオニスト・社会主義者で、戦後、300人委員
会の標的となった右翼政権のほとんどを崩壊に導い
た。

> **ジョセフ・レッティンジャー**

ビルダーバーグ・メンバーの勧誘とハリマン・グル
ープへの紹介を担当したイエズス会の社会主義者は
、かつてウィンストン・チャーチルの下で働いてい
た。レティンターは、クリントンを将来の社会主義
指導者候補としてスカウトし、パメラ・ハリマンに
引き渡し、高官としての準備をさせた人物とされて

いる。レッティンガーはポーランド、ハンガリー、オーストリアから中欧のイエズス会国家を作る計画を立てたが、戦後の計画は300人委員会で承認されなかった。

黒人貴族やヨーロッパの王族の多くは、フリーメイソンのスコットランド儀礼を創設したロバート・ブルースに遡るイギリスの寡頭制の家系と姻戚関係にある。例えば、Lovet。マクローイと密接な関係にある欧州連合のメンバーである。

両氏は、イギリス、オランダ、デンマーク、スペインの「貴族」と深い関係にあるオーチンクロス家とアスター家の親友であった。ラジウィル夫妻や、カーター大統領の国家安全保障顧問だったズビグニュー・ブレジンスキーも、このグループと行動を共にしていた。ロイヤル・ダッチ・シェルのグループには、ボルシェビキ革命、第一次世界大戦、第二次世界大戦に軍需品を供給して数十億ドルを稼いだイギリスの武器製造会社ビッカース社の元会長バジル・ザハロフ卿がいる。この莫大な財産を受け継いだのが、ピーター・ビッカーズ・ホール卿（ワシントンD.C.のヘリテージ財団の裏の支配者）の一族であった。NRCのアメリカ部門を統括する人物は次の通りである。

➢   ジーン・カークパトリック
➢   ユージン・ロストウ
➢   アーウィン・スオール
➢   マイケル・ノバック
➢   レーン・カークランド

- ➤ アルバート・チャイトキン
- ➤ ジェレミー・リフキン
- ➤ ダグラス・フレイジャー
- ➤ マーカス・ラスキン
- ➤ ウィリアム・クンスラー

このような立派な代表者の方々は、ご紹介するまでもないでしょう。彼らは、米国の社会主義化のための戦争において、非常に重要な社会主義者の指導者である。米国が享受している共和制の政府形態を打倒しようとする闘争の協力者は、以下の通りである。

- ➤ ガル・アペロビッチ
- ➤ ベン・ワテンバーグ
- ➤ アーヴィング・ブルーストーン
- ➤ ナット・ワインバーグ
- ➤ ソル・チャイカン
- ➤ ジェイ・ラヴストーン
- ➤ メリー・ファイン
- ➤ ジェイコブ・シャンクマン
- ➤ ロン・デラムス
- ➤ ジョージ・マクガバン
- ➤ リチャード・ボネット
- ➤ バリー・コモナー
- ➤ ノーム・チョムスキー
- ➤ ロバート・モス
- ➤ デビッド・マクレイノルズ
- ➤ フレデリック・フォン・ハイエック
- ➤ シドニー・フック
- ➤ シーモア・マーティン・リプシット

> ラルフ・ウィドナー

上記の人物は、AFL-CIOの国際問題部、ケンブリッジ現代研究所、政治学研究所、自動車労働組合、国際婦人被服労働組合など、フェビアン社会主義と密接な関係を持つ様々な社会主義組織に所属していた。

フォン・ハイエクは、保守派が選ぶ経済学者として高く評価されている。ジョージ・マクガバン、ロン・デラムスの両上院議員は、ともに米国議会で活躍した人物である。

上記の人たちが発行した社会主義的な出版物をいくつか紹介します。

> *新共和国* -
リチャード・スチュアート、モートン・コンドレイク

> *The Nation* - Nat Hentoff、Marcus Raskin、Norman Benorn、Richard Faulk、Andrew Kopkind

> *反対意見-*
アーヴィング・ホール、マイケル・ハリントン *解説-*カール・ガーシュマン

> *新しい社会のためのワーキングペーパー-*
マーカス・ラスキン。ノーム・チョムスキー、ガー・アペロビッチ、アンドリュー・コプキンド、ジェームズ・リッジウェイ。

> *お問い合わせ -- ナット・ヘントフ*

> *WIN - ノーム・チョムスキー*

ローマクラブは、社会主義の巨大なシンクタンクのようなものだと思えばいい。CORの作り方はとても興味深い。

ローマクラブが新世界秩序計画の調整を必要とした時、アウレリオ・ペッチェイを英国に送り、タヴィストック人間関係研究所で研修を受けた。[4]、世界におけるあらゆる洗脳機関の母体となった。

当時、ペッチェイはフィアット・モーター社のトップであった。フィアット・モーター社は、黒人貴族である貴族アニエリ家のメンバーを通じて、300人委員会の巨大複合企業であり、アニエリ家の息子の一人であるパメラ・ハリマンを妻として拒否したのもこの家であった。

パメラはその後、300年前の政治家であり、米国の外交政策の専門家であるアヴェレル・ハリマンと結婚し、まさに「インサイダー」であった。

---

[4] タヴィストック人間関係研究所、オムニア・ヴェリタス社、www.omnia-veritas.com 参照。

第8章

NATOとローマクラブ

タヴィストックは、ジョン・ローリングス・リース少将の指揮下にあり、バートランド・ラッセル卿、ハックスレー兄弟、クルト・ルイン、エリック・トリストらが新しい科学の専門家として補佐していた。

*World In Review*の定期購読者は、タヴィストック宣教師の到着とともに、あらゆる悪、すなわち闇、混沌、混乱が米国に侵入したことをご存じだろう。オルダス・ハクスリーやバートランド・ラッセルは、イシス-オシリス教団の著名なメンバーであった。

タヴィストック社は、ペーチェイからわずかな人間性を奪った後、「適格者」として認定し、北大西洋条約機構（NATO）本部に送り込んだ。

この300人委員会は、第一に政治団体として、第二にソ連の危険に対するヨーロッパの軍事防衛条約団体として構成されていた。NATOでは、ペッチェイがローマクラブの結成に際して、先輩たちを勧誘した。他のNATO指導者やさまざまな左翼政党がNRCに

加わり、300人委員会の社会主義的な勧誘・訓練部門であるビルダーバーグ・グループを形成した。

中華民国の目的は何かというと、基本的には1848年の『共産党宣言』に従った社会主義的なもので、グノーシス主義、カルデアの黒魔術、薔薇十字教、イシス=オシリスやディオニュソスのカルト、悪魔主義、オカルト神政、ルシフェリズム、フリーメイソンなどの闇の精神力が動機になっていた。中華民国の活動にとって、西洋のキリスト教文明の打倒は最も重要なことであった。

すべての国の国家主権と民族主義の破壊、それに伴う数十億の「余剰」人類の滅亡も、中華民国の主要な議題であった。ペーチェイは、国民国家、個人の自由、宗教、言論の自由は、一刻も早くそのために作られた中華民国を通じて、新世界秩序-一世界政府-のブーツで塵と化すと信じていたのである。中華民国のシンクタンクの任務は、すでに西洋のキリスト教文明を終わらせるために活動していた多くの社会主義組織を一つの組織の下にまとめることであった。

300人委員会（COR）の計画から、日本を外すわけにはいかない。また、日本は工業国であり、高度にナショナリスティックな同質民族であり、新世界秩序の潜在的指導者が嫌うタイプの社会である。したがって、日本は西洋でもキリスト教でもないが、中華民国の計画者にとっては問題であった。

ジャパン・ソサエティーとロックフェラーのサント

リー財団を使い、マッカーサー元帥が残した遺産であるアメリカの経済システムを最もうまく利用した日本の弱体化を、間接的な手段で図ろうという計画であった。「間接的な手段」とは、日本を社会主義思想で教化すること、「アクエリアンエイジ＝新時代」の計画に沿った「文化の変化」を意味した。日本の制度や伝統は、米国に対して採用された方法とやり方で、ゆっくりと、しかし確実に損なわれていくことになるのである。

世間体を変える」ためにアメリカに戦争を仕掛けた中華民国狂信者は、日本に対して大暴れしたのである。タヴィストックのダニエル・ベルとダニエル・ヤンケロヴィッチというアメリカーの「イメージメーカー」が、少なくとも一時的にハイジャックして、日本の産業基盤に戦争を仕掛けるために呼ばれたのだ。1970年に始まった私の活動をご存じの方は、英国の諜報機関MI6と米国ラジオ社（RCA）のデビッド・サルノフとの間で、英国のエージェントがCIAやFBIの防諜部門である第5課の要職に就いていたことをご存じだろう。ヤンケロビッチ、スケリー・アンド・ホワイトのヤンケロビッチは、アメリカ国民に対して容赦ない戦争を仕掛けるためにMI6に選ばれた。

反キリスト教社会主義者で、20年間、無防備なアメリカ国民に対する攻撃の先頭に立ってきたヤンケロビッチは、今度は中華民国から、日本の重工業、いわゆる　　　　　　　　　　　　　　　　　　　　"煙突"に対する攻撃に資源を集中するように命じられた。軽工業は褒められ、祝福されるべきものだった。

アメリカのポスト工業化、ゼロ成長の崩壊とボルカーの信用収縮戦術が、日本に対して繰り返されるのではないかという期待であった。ポスト工業化社会では、5000万人近いアメリカ人が失業し、永久失業者となり、さらに数百万人が不完全失業者になるという。中華民国によれば、これは社会的・道徳的な衰退を招き、新世界秩序（世界政府）に支配されやすい犠牲者になってしまう。アメリカの中産階級の崩壊は、日本の対米輸出に大きな影響を与えるだろう。

1946年以来、自分たちに降りかかってくる戦争について知らされることのないアメリカ国民と同様に、中華民国の計画者たちは、日本国民の不意をつくことを狙ったのである。悪名高い外交問題評議会（CFR）-
300人委員会の庇護のもとにある米国の高級並行政権-
のピーター・バーガーと、いわゆる人類学者のハーバート・パソン-
故マーガレット・ミードの後任の人物-
は、喜んで彼らの新しい挑戦に加わっている。その結果、日本の産業界がいかに日本人を国や伝統的な価値観から遠ざけているかを訴える「ニューエイジ」文学が、日本市場に大量に流入した。

ビートルズ、ミック・ジャガー、キース・リチャードなど、退廃的で堕落し非道徳的なあらゆる人々を生み出したのと同じ源から、この異常さが生まれたことを明らかにしないまま、「ロックンロール」少年団についてのテレビ向け映画が作られ、人気を博

した。ジャガーとリチャーズは、しばしばヨーロッパの王族から栄誉を受けている。このような堕落は、アメリカの工業化の結果であるというイメージが出来上がっている。

このような事態を防ぐ努力をしない限り、日本はモラルの低下を招き、少なくとも1960年代から1980年代の「ビートルズ、ジャガー、ローリングストーンズ」の時代にアメリカが経験したのと同じような深刻さを経験することになるだろう。ちなみに、ジャガーとリチャーズは、ルシフェリアンのアレスター・クロウリーが作ったオカルトクラブ、「黄金の夜明けのイシス・オシリス教団」に所属している。イスイス団の主な目的は、無制限の薬物乱用、「フリーセックス」、同性愛、レズビアニズムなどによる欧米の若者の道徳的破壊である。

ジャガーや他のロックバンドのリーダーたちが後年提供した「音楽」は、抑制を弱め、国の若者をこうした悪習に誘いやすくした。今、中華民国が抱えている問題は、日本のように失業率がアメリカ並みになったときに起こるであろう反動への対処である。日本人は、アメリカのようにおとなしく失業を受け入れることはないだろう。

日本はなかなか割れない国だが、中華民国は毒をゆっくり、量を加減して与えることで、国民が覚醒しないような日本での革命を実現したいと考えている--つまり、来るべき日本への攻撃は、米国に倣うということである。アメリカでは、ローマクラブの「アクエリアン・コンスピラシー」が大成功を収めてい

る。ROCのWillis
Harmonの記事を要約したものを見れば、何が起こっ
ているのかがわかる。

イメージや人間の本質・可能性に関する基本的な概
念は、社会における価値観や行動を形成する大きな
力を持つことがあります。彼ら（＝ハーモンと中華
民国）は、これを研究しようと、:

> ➤ イルミナティの手法

> ➤ 現代社会の諸問題について、現在の人間像の
>   欠陥を探り、これからの人間像に必要な特性
>   を明らかにすること。

> ➤ 社会の重要な問題を解決するために、ニュー
>   イメージ（強調）の出現と新しい政策アプロ
>   ーチを促進することができるハイレベルな活
>   動を特定する。

> *私たちは、人間の起源、性質、能力、特徴、他者と
> の関係、宇宙における位置について抱く一連の仮定
> を指して、「人間像」または「宇宙の中の人間像」
> と呼んでいます。一貫したイメージは、個人、集団
> 、政治体制、教会、文明によって保持されることが
> あります。ほとんどの社会は、人間の社会的性質を
> 定義する人間像を持っている。例えば、人間のイメ
> ージは、個人と集団の両方、そして自分、社会、宇
> 宙との関係における人間のゲシュタルト的な認識で
> ある。*

これは全くナンセンスであり、無知な人々を騙すた

めに作られたオカルト的なトリックである。人間の
本質に関する思い込みは、ほとんどの場合、無意識
に抱いているものです。しかし、ハーモンが私たち
を洗脳しようとする試みを続けること。

> これらの隠された前提が認識され、すべての人に知
> られるようになって初めて、人間のイメージが構築
> され、そのイメージは、視点を維持し、拒否または
> 修正することによって、慎重に検討することができ
> る（強調）。イメージは、社会が発展していくある
> 段階には適しているかもしれませんが、その段階が
> 終わった後、そのイメージを行動の指針として使い
> 続けると、おそらく解決するよりも多くの問題を引
> き起こすことになるでしょう。科学、技術、経済は
> 、物理的な安全、物質的な快適さ、より良い健康と
> いった人間の基本的な目標の達成に向けて、実に大
> きな進歩を遂げました。

> しかし、こうした成功の多くは、成功のし過ぎとい
> う問題を引き起こしている。その問題自体が、その
> 問題を発生させた社会的価値の前提の中では、解決
> 不可能と思われるものである。高度に発達した技術
> システムが、脆弱性と崩壊をもたらしたのです。こ
> のような社会的問題が相互に影響しあい、今や我々
> の文明にとって深刻な脅威となっています。

つまり、西洋の理想、家族への信仰、結婚の神聖さ
、自国への信仰、民族の誇り、国家主権、宗教への
誇り、人種への誇り、全能の神への信頼、キリスト
教の信仰は、すべて時代遅れだというのだ--
中華民国のハーモンによれば、こうだ。

中華民国の大祭司であるイルミニストにとって、「

成功しすぎている」というのは、完全雇用の工業国
として成功しすぎていて、国民がまともな生活水準
を享受していることに由来する。

第9章

暗黒時代への逆戻り

ハーモンは、アメリカ人が産業社会のおかげで自由を謳歌しすぎた結果、人が増えすぎてしまったので、中華民国が産業の発展、ひいては人口の増加を抑制するために、人を集めて虐殺しなければならないという意味である。西洋のキリスト教文明は、文明にとってではなく、300人委員会が世界に計画したオカルト神政の未来にとって脅威であるというのが真実である。

ハーモンが提唱しているのは、一元化された政府の独裁の下での暗黒時代への回帰、新しい暗黒時代の到来である。

中華民国の大祭司であるハーモンは、中華民国と300人委員会の利益のためではなく、国家のアイデンティティーを尊重することを選んだアメリカやその他の国々の人々の自由のために、実り多く、増殖し、地を従わせるという神の法則に真っ向から反するシナリオを提示したのである。

ハーモンが仕えるルシフェリアン、ディオニュソス教団のメンバーである「オリンピアン」は、「いや

、我々は地球を支配するためにここに置かれ、我々
だけがその恩恵を享受する」と言うのである。高官
ハーモンは次のように結論付けている。

*産業技術的な人間像を急速に変えていく必要がある
のです。現代社会の問題の本質を分析した結果、過
去2世紀にわたって支配してきた多くの人々のイメ
ージは、ポスト工業化時代には不適切であるという
結論に達しました。この新しい世界にふさわしい人
間像（これは新しいものではなく、4千年前の悪魔
的な概念である）を探し出し、合成し、そして人類
の脳にハードワイヤーで組み込まなければならない
のだ。*

*イタリア・ルネッサンス期の経済人像、すなわち個
人主義、物質主義、客観的知識の探求は不適切であ
り、捨て去らなければならない。産業国家は、現段
階では、大きな勢いはあるが方向性がなく、素晴ら
しい能力があるが、どこに向かっているのかわから
ない状態である。ある意味で、古いイメージの崩壊
は、新しいイメージの模索よりも、絶望につながる
と見られていたのである。遅れている支配的イメー
ジが意味する悲観論とは裏腹に、新しい、先取りし
た人間像が生まれつつある兆しも多くある。*

このモヤモヤの正体、つまりハーモン氏が本当に言
いたかったことは、アメリカや日本のような工業化
社会は、工業化社会が管理できなくなったから破壊
しなければならない、ということだ。大祭司ハーモ
ンによれば、産業の破壊は、我々の基本的な道徳的
価値観、神と国に対する基本的な信仰、キリスト教
文化のすべてを破壊することにつながり、それはす

ぐに新しい暗黒時代を支配する**オカルト神権政治の**世界に戻ることになると言うのだ。

> …19の人間のイメージがさまざまな時代を支配し、それぞれから、工業技術のイメージに代わるものとして有用と思われる特徴を抽出し、中華民国と委員会が模倣することを望み、世界の人々-グローバル2000の虐殺の後に心ない奴隷として残る人々-を新しい暗黒時代-いわゆる新世界秩序へと変容させるプログラムであるとした。

ハーモンプランによれば、人類は動物界の一部であると認識されなければならない。ハーモンは、支配階級のエリートはポスト工業化のイメージで秩序づけられており、人間がすべての自然を支配するという旧約聖書のイメージは危険なものとして捨てなければならないと主張する。

ゾロアスター教のイメージは、むしろ好ましいと思います。ハーモンによれば、キリスト教よりもインドやアジアのヨガの方が、必要な「自己実現」をもたらすという。この婉曲表現は、キリスト教がイシス-オシリス教やディオニュソス教などのオカルト信仰に取って代わられることを示すために、ハーモンが使った仕掛けに過ぎないのだ。大祭司ハーモンによれば、キリスト教の人間像は取り替えられなければならない。人間は、神を必要とする考えをやめなければならない。人間は、自分が自分の運命の主人であり、自分のことは自分でできると信じるべき時が来ているのです。

今のキリスト教会に欠けているのは、どこにでもあるオカルトや秘密結社についての知識と理解である。私たちキリスト教の教師と読者は、宗教的な神権政治の領域と、それらがキリストの教会をどこに導いているのかをよく知る必要がある。

ルネッサンスの美しさと純粋さを捨てるのではなく、もっともっと持ち続け、その貴重な遺産を守っていかなければならないのです。ここでは、ハーモンが提唱するROCの新世界秩序計画を実現するための方策のいくつかを概観する。

- ➤ 政治プロセスへの若者の参加
- ➤ 女性解放運動。
- ➤ ブラックコンシャス（黒人意識）。
- ➤ 社会の「悪」に対する若者の反抗心。
- ➤ 企業の社会的責任への関心が高まっている。
- ➤ ジェネレーションギャップ
- ➤ 若者の産業・技術に対する偏見を誘発する。
- ➤ 新しい家族形態（ひとり親家庭、同性の「カップル」、レズビアンの「世帯」など）を試すこと。
- ➤ 保守的な環境保護団体の結成が必要。
- ➤ 東洋の宗教への関心は、学校や大学でも熱心に応用されなければならない。

ハーモン宣言のこれらの点は、ほとんど1848年の共産党宣言と重ね合わせることができる。中身よりもスタイルに細かい違いがあるが、「世界は共産主義に進展する社会主義国家にならなければならない」という基本理念は、両文書に共通するものである。

その根底にあるのは、共産主義者ボルシェビキの教えと同じ、「危険を冒してでも我々の邪魔をしろ」というテーマである。テロ対策は我々の戦術であり、恐れや好意なしにそれを使うだろう。私たちに逆らうなら、あなたを排除します。先ほども言ったように、ハーモンが提示したニューエイジの理想は、何千年も前のものです。ドルイド教の人々は、神への生け贄として籐の籠に入れた人々を燃やし、巫女は犠牲者の血をバケツに垂らしていたのです。

フランス革命は、ボルシェビキ革命のように、何十万人もの罪のない犠牲者の命を奪った。共産主義者たちは、何百万人ものキリスト教徒を拷問し、殺害したことを誇りに思っている。オカルト神権国家である中華民国が、機会があれば同じことをしないとでも思っているのだろうか。キリストが「暗闇の支配者」「高い所にいる邪悪な者」と表現した、殺人的で霊的に死んだ人たちが相手なのです。日本人もアメリカ人も、文明を脅かす危険に目を覚ますべき時が来ているのです。

神と人間に対するこの攻撃が1974年にハーモンによって録音された時、ハーモンの背後にある14の原則は、彼らがカウンターカルチャーの打撃線として製造、設置、宣伝に利用しようと意図した様々な機関の直接的な関与を明らかにしないように注意した。ハーモンは、権力に酔い、従順なアメリカ国民が反応しないことを見越して、マリリン・ファーガソンを隠れ蓑にし、袋から猫を出すことにしたのだ。

ハーモンは、架空の本の翻訳「アクエリアン・コン

スピラシー」の著者とされるマリリン・ファーガソンを全く無名の才能のない女性として起用したが、ファーガソンをはじめ参加者はすべて中華民国が維持する傭兵に過ぎず、アクエリアン・コンスピラシーを*実現したのは*中華民国であることをハーモンは視聴者に告げなかった。[5]

この古くからある陰謀の新しいバージョンは、1960年に始まり、1968年まで政治にガンのように広がり続け、オカルト秘密結社に基づくカウンターカルチャーのポストインダストリアルメッセージを、その名前は数知れないが、広めた。

創業者の名前はすでに決まっている。その公的機関は、タヴィストック研究所、社会関係研究所、スタンフォード研究センターであり、応用社会精神医学は、中華民国の長期戦略（体制側がアクエリアン-ニューエイジ運動と名付けた）の採用に向けてNATOを形成し導く上で中心的役割を演じた。

私はこれまで、多くの人から「なぜ新世界秩序について書かないのか」という問い合わせを受けてきた。さて、私は1969年からこのようなテーマで記事を書いています。問題は、当時の私のような無名の人間の言うことに耳を貸さなかったことだ。しかし、ロックフェラー財団の力を借りて、マリリン・ファーガソンのような変人が、私が警告したことと全く

---

[5] "アクエリアン・コンスピラシー", Ndt.

同じことを言い出したとき、彼らは「あなたはどこにいたのか、なぜこのことを教えてくれなかったのか」と尋ねたのです。"

実は、私の仕事、「水瓶座の新時代」、「ローマクラブ」、「300人委員会」については、これらの名前が他の人々の目に触れるずっと前、正確には15年前に、購読者の目に触れるようになったのである。

今にして思えば、私の報告は、こうしたことがアメリカの他の右翼作家に知られるようになるずっと前から、時代を先取りしていたのだ。

ケネディは、タヴィストック研究所、CFR、ランド研究所、スタンフォードの助言を拒否したのである。そのため、ケネディは抹殺の対象になった。彼の暗殺は、いまだに多くの矛盾した報道によってベールに包まれているが、アメリカ国民に対する大きな侮辱である。この最も凶悪な犯罪の犯人について私が知っていることは、拙著『300人委員会』（6改訂・更新、2007年1月出版）に詳述している。

ケネディは、NATOの政治部門が民間防衛プランナーを通じて行う心理戦に基づかない「ソフトレスポンス」防衛戦略を採用した。しかし、ケネディは民間防衛を削減し、その代わりに米国産業の技術的向上を図るため、大規模な新しい宇宙計画を立ち上げ

---

[6] *陰謀家の階層、300人委員会の歴史、オムニア・ヴェリタス社* www.omnia-veritas.com.

ることを選択した。そうすることで、ケネディは自分の死刑執行令状にサインしたのだ。新世界秩序の神権政治の勢力を見よ。1963年11月、彼らは躊躇することなくアメリカ大統領を暗殺した。

1963年初め、名前は明かせないが、ある暗殺機関がタヴィストック人間関係研究所と契約を結んだ。人間関係」という言葉の誤用に注意。この契約は、スタンフォード・リサーチ、社会関係研究所、ランド・コーポレーションなど、タヴィストックのアメリカの関連会社数社が受注した。

そして、タヴィストックは、これらのシンクタンクが行った「科学的研究」の結果を公表し、その情報をNATOの政治部門に流したのである。

NATOに期待を寄せている人は、何が起きているのかを理解したほうがいい。NATOはローマクラブの創造物であり、300人委員会と呼ばれる召使の組織体に従属している。

第10章

いんがおうほう

このような動きを受けて、1966年、タヴィストック
の「*人間関係雑誌*」の編集者であるアナトール・ラ
パポート博士は、NASAの宇宙計画は冗長であり、
本来なら「人間の質」の研究に金を使うべきところ
を、アメリカは宇宙計画に忙しいと指摘している。

ヒューマン・リレーションズ誌の報告書は、アメリ
カの世論を宇宙開発計画に反対させるものと期待さ
れていた。ケネディ暗殺後、一時は宇宙開発が頓挫
するかと思われたが、11月の選挙でロナルド・レー
ガンが圧勝し、1980年11月にワシントンで前例のな
い中華民国首脳会談が開かれることになった。

1969年以来、講演や著作でたびたび述べてきたよう
に、世界は表から見ているのとは全く異なる人々に
よって動かされているのである。しかし、そのよう
なことはない。いわゆるワン・ワールド・ガバメン
トのリーダーたちは、大勝利を収めたとき、自分を
抑えられなくなることがあるようだ。

その一例が、ウィルソン、ルーズベルト両大統領の
コントローラーであったマンデル・ハウス大佐の言

葉である。ハウスは、『フィリップ・ドリュー：アドミニストレーター』という本を書いた。フィクションのつもりだったが、実際は、アメリカの秘密政府が、「一つの世界政府-
新世界秩序」の中で、どのように奴隷として売られていくかを詳細に説明したものだった。

ロスチャイルド家の子飼いで、伝説的なイギリス首相であり、偉大な議会議員であったディズレーリは、コニングスビーというイギリスの秘密政府の仕組みを説明し、イギリスとアメリカの政府を支配する秘密集団が世界支配を目指していることを示唆したのである。秘密結社は、これまでも、そしてこれからも、自由世界の宿敵である。このような多様で多数の秘密結社が我々の間で繁栄している限り、我々は自由人ではない。7月4日に国旗を振り、愛国心の太鼓を叩いても、この厳しい真実は変わらない。

秘密結社には、世界を裏から操る指導者がいる。政治や経済の分野で時事問題を理解しようと思えば、秘密結社についての知識が必要である。

ローマクラブ（COR）は、数千年前にさかのぼるオカルト信仰と実践に支配されたヨーロッパの古代黒人貴族一族の延長、永久同盟に過ぎない。エジプト（ノアの息子たちが到着する前）、シリア、バビロン、ペルシャの古代ミズライムの儀式は、ベネチアとイギリスの寡頭政治家によってヨーロッパに運ばれた。

ボゴミール、カタール、これらの「宗教的信念」は

、キリスト教観と西洋の原則に対する攻撃をもたらした。東洋の陰謀論は西洋に移植され、その結果は我々の想像を超えるほど広範囲に及んでいる。

これらの秘密結社がもたらした被害は印象的だ。例えば、クリミア戦争はフリーメーソンの気まぐれで始まったことが分かっているし、第一次、第二次世界大戦も同じ経路をたどっている。私たちの中にある秘密結社の暗黒の力が、どれほど現在の出来事に影響を及ぼしているのか、私たちは知る由もない。

ボーア戦争は、おそらく20^{ème}
世紀で最も重要な戦争である。なぜなら、秘密結社とその神秘的な宗教が、自由と愛国心のあるキリスト教国と対立し、ボーア人から新しく発見した金を奪うことを意図した侵略者であったからである。この英国史上の見苦しい時期に英国政界で最も権勢を振るったのが、多くの秘密結社に属し、フリーメーソンの影響を受けて議会を指導したパーマストン卿であった。パーマストン自身も、それが事実であることを認めている。

ですから、私たち国民は、霊的に邪悪な高官と対立しているという事実に目を覚ますことが必要なのです。私たちは、単なる物理的な存在に対抗しているわけではありません。目に見える力より、目に見えない力の方が強い。これらの勢力は米国を支配しており、民主党の上下両院議員の75%以上が筋金入りの社会主義者であるという事実からも、そのことがうかがえる。

ハーラン・クリーブランド

USACORのメンバーとして最もよく知られているの
は、1960年代の元NATO大使で、米国におけるNATO
の中心的存在である大西洋評議会の元副会長、ハー
ラン・クリーブランドであろう。

クリーブランドは、タヴィストック人間関係研究所
の米国支部であるアスペン人間学研究所のプリンス
トンオフィス（ニュージャージー州）を率いていた
。アスペンは環境問題に取り組む「シンクタンク」
のはずだが、それは本当の活動、つまりアメリカの
産業と農業に戦争を仕掛けることを覆い隠すための
イチジク葉に過ぎない。

ウィリアム・ワッツ

大西洋評議会のメンバーであり、1972年から73年に
かけて、産業と「過剰な農業開発」がいかに生態系
を破壊しているかを示すと称するCORの研究書『*成
長の限界*』を広めるための隠れ蓑であるTomack
Associatesのディレクターでもある。ワッツは、トー
マス・マルサスのゼロ成長説を偽装してアスペンに
流布した罪に問われているが、実はこの説は古代の
ディオニュソス崇拝に端を発しているのだ。

ジョージ・マクギー

大西洋理事会のメンバーであるMcGee氏は、元NAT
O政治担当国務次官で、元駐トルコ米国大使である
。その後、駐ドイツ・ボン米国大使を務めた。

クレイボーン・Kペル

ペル氏はロードアイランド州の上院議員で、大西洋理事会の元米国議会代表であった。ペルは、NATO軍が世界中の環境基準の施行を監督すべきだというNRCの方針を強く支持している。ペルは、米国を含むすべての国の脱工業化を強く支持している。ラッセルの「余剰人口」虐殺説には、しばしば共感を示す。ペルは、サイラス・ヴァンスとともに「グローバル2000」報告書の条件作成に参加した。ペルはサイラス・バンスやNATO事務総長ジョセフ・ルンズと協力し、ビルダーバーグ会議にもしばしば出席している。

ドナルド・リーシュ

トマック・アソシエイツの元社員で、USACORのエグゼクティブ・ディレクターを務めるLesh氏。また、国家安全保障局（NSA）に勤務していた時期もあり、キッシンジャーがNSAのヨーロッパ組織を立ち上げるのを手伝ったこともある。その中で、バンベルグファイルの発見以来、キッシンジャーとシャム双生児のように結びついているヘルムート・ゾネンフェルトと仕事をすることになった。ソ連の専門家として紹介されたウィリアム・ハイランドは、NSAのヨーロッパ事務所にも勤務していた。

ソル・リノヴィッツ

詐欺的で違憲なパナマ運河条約の起草で知られるリノヴィッツは、カーターの腹心となり、300人委員会

、ランク・ゼロックス社で有名であり、300人委員会のメンバーである。

J・ウォルター・ルー（レヴィ）

レヴィは、ニューヨークの外交問題評議会（CFR）の専属石油アナリスト、大西洋評議会のディレクター、ビルダーバーグ・グループのメンバーである。レヴィは、国際社会主義の政治家たちによるブラント委員会のプログラムを発展させた。ブラントはほとんど酩酊状態だが、それでも現代社会で最も危険な社会主義者の一人である。

ジョセフ・スレーター

スレイター氏は、米国300人委員会の社会主義本部であるアスペン研究所の所長である。以前はNATOの米国大使を務めていた。これらは、アメリカにおける扇動者の巣窟の主要人物たちである。その主な役割は、中華民国が描くポスト工業ゼロ成長計画を加速させ、東北地方の旧工業都市を「企業区」という名の奴隷労働主体に変貌させることである。レーガン大統領のSDI計画は、キッシンジャーとロバート・マクナマラの狂った戦略に決定的な終止符を打つものである。NATOは、反米政策のあらゆる側面をまとめるために配備されている。

第11章

ナサとローマクラブ

その一例がフォークランド紛争への米国の関与である。米国は、優れた原子力発電所の輸出計画により、鎮圧せざるを得なかったアルゼンチンを英国軍が打ち負かすことができるよう支援施設を提供したのである。

アメリカのローマクラブのこれまでの大きな成果の一つは、宇宙開発計画を軍から取り上げ、民間の機関であるNASAに委ねたことである。アイゼンハワー元大統領は、ロンドンから受けたこの変更を実行するための指示に、喜んで従った。

しかし、この動きは裏目に出たかもしれない。1967年5月、タヴィストック人間関係研究所が行ったNASAのプロファイリング調査によって、NASAが産業・科学関係者の主要雇用者となっていることが明らかになったが、これはCORの脱産業化計画とは正反対である。タヴィストック社の報告書は、コロラドからワシントン、ニューヨークまで、扇動家や裏切り者の事務所に警鐘を鳴らしました。

その対応策として、ロバート・ストラウス・ハプト

フツNATO大使を中心とする「特別委員会」を設置した。委員会の任務は、NASAを機能不全に陥れるような、早急なダメージコントロール策を講じることであった。大西洋の技術的不均衡と協調」と称する会議が招集された。フランスのドーヴィルで開催されたこの会議には、アウレリオ・ペッチェイやズビグネフ・ブレジンスキーが出席していた。

この合衆国国民の敵である扇動者たちの集まりは、後にニクソン大統領をホワイトハウスから追放しようと努力し、成功したのと同じメディアによって都合よく無視されたのであった。

この会合でブレジンスキーは、拙著『300人委員会』で長々と引用した彼の著書『二つの時代の間-テクノトロニック時代』からインスピレーションを得たのである。

本書でブレジンスキーは、オーウェル的な概念に基づく社会主義的な新世界秩序の理想像を示している。象徴的な国家主権を持つ地域主義の概念において、知的エリートと電子通信ネットワークに基づく超文化によって支配される世界である。

ドーヴィル会議では、米ソの理想を一致させなければならないという結論に達した（この考えは、300人委員会を苦しめたスターリンによって完全に否定された）。

この「収斂」は、真の危機管理とグローバルプランニングに基づいて世界情勢を管理する単一の世界政府を誕生させるだろう。ロックフェラーのこの提案がスターリンに軽蔑され、新世界秩序への参加を拒

否されたことが、朝鮮戦争につながったことは記憶に新しいところである。

ロックフェラーに雇われた作家によって書かれた、ねじれた、検閲された、不正確な第二次世界大戦の歴史でさえ、アメリカは決して共産主義と戦っていないことを示している。ウィルソン時代のエリートとウォール街の銀行家は、アルフレッド・ミルナー卿とロンドンシティの銀行家と結託して、レーニンとトロツキーを権力者にしたのと同じなのに、どうしてそうなったのか？

第二次世界大戦は人為的な状況だった。ヒトラーは、ウォール街とロンドンのシティの銀行家たちによって、スターリンを包囲し、屈服させる目的で設立された。スターリンが「共通の世界支配」を確立するための提案を拒否し始めたからだ。

スターリンは、「ワシントンのコスモポリタン」と呼ばれる人たちを信用していなかった。ヒトラーは、支配者たちに反抗したために滅ぼされ、支配者たちは、弁証法的に、二つの危険のうちでより小さいものと認識するスターリンを全面的に支持した。ヒトラーをコントロールできない国際銀行家たちは、ヒトラーを滅ぼさなければならなかった。

第二次世界大戦の結果、共産主義体制はより強力になり、世界中にその触手を伸ばすことができるようになったのである。ソ連は地域的な大国から世界的な大国へと変貌を遂げました。

第二次世界大戦は、何百万人もの命と何十億ドルも

の金を費やした。それはすべて、世界を支配するという壮大な計画を持った男たちが、資源を衝撃的に誤用したためであり、私はヒトラーやスターリンのことを言っているのではない。CFR、RIIA、ローマクラブ、300人委員会のことだ。

もし誰かが、第二次世界大戦がもたらしたとされる利益のリストをあげたり、アメリカやヨーロッパの人々にもたらした「自由」を説明したりできるなら、ぜひ聞かせてもらいたいものだ。

私が見る限り、1939年当時より現在の方が1000倍も世界は悪くなっています。第二次世界大戦の結果、アメリカは社会主義に支配された。産業は破壊され、何百万人もの労働者が職を失った。この人為的な状態をヒトラー（あるいはスターリン）のせいにすることはできない。ペーチェイさんは、こう言い切った。

> ...キリスト教では千年紀を迎え、多くの人々が、自分たちの運命を変えるような未知の出来事に心を痛めています。人間は、真の意味での現代人のあり方を知らない。

ペーチェイは、オカルトや秘教やニューエイジャーが、われわれにとって何が良いかを知っていて、新世界秩序の指示に従わなければ破滅すると言っているのである。

私たちは、中華民国の*成長限界*のモデルの中で生活し、行動することを学ばなければなりません。その中には、私たちが従うことのできる宗教の制限も含

まれています。我々は、中華民国によって経済に課せられた制約の中で生きることを学ばなければならず、新しい通貨秩序に反抗してはならない。

また、自分たちは代替可能な存在であるという考え方も受け入れなければなりません。ペーチェイ氏は、「人間は邪竜の物語を作り出したが、もしこの世に邪竜がいるとすれば、それは人間自身である」と言う。

そして、ペチェイからゲームプランの全体像が語られる。

> 人類が新技術というパンドラの箱を開けて以来、制御不能な人類の拡散、成長マニア、エネルギー危機、潜在的な現実不足、環境悪化、核の狂気、その他無数の苦悩に見舞われてきたのだ。

第12章

きんせんもんだいのくふう

このわずかな言葉の中に、中華民国が300人委員会に向けて描いた人類のための計画一式を見出すことができる。

これは、「なぜ、こんなことをしたいのだろう」という最もよくある疑問に端的に答えるものです。「最悪の秘教主義者が、中華民国は300人委員会の主人たちのために、全世界にとって何が最善かを知っていると国民に語っているのだ。

ペーチェイ氏が、ジェイ・フォレスター氏とデニス・メドウズ氏が300人委員会のために構築した「ワールドダイナミクス」モデルを採用したのは、講演から間もなくのことだった。このモデルは、世界経済において小規模な構造が優位に立つべきことを示すために、複雑なシステムの持続不可能性を示すとされている世界計画モデルである。そのために、もちろんメドウズ＝フォレスター報告書は、マルサスとイギリスの「自由貿易」政策を打ち出したイギリス東インド経済学者アダム・スミスの否定的で制限的な経済学だけを根拠にして考えを述べた。

フォレスター・メドウズ社の神話的な経済学は、人間の創意工夫を無視している。実は、資源を枯渇させているのは紙幣なのです。紙幣と呼べるものなら何でもいいのですが。

米国の通貨制度は、我々全員を奴隷にすることを意図している寡頭政治階層のメンバーの妨害によって、巨大な混乱に陥っている。

無担保の紙幣だけが、地球の天然資源に害を与える。無担保とは、米ドルがアメリカ合衆国憲法が要求する銀と金の裏付けを持っていないことを意味する。実際、米国には今、法定通貨は存在しないし、連邦準備法の出現以来、存在したことはない。

私的なコンソーシアム（連邦準備銀行）が私たちのお金を乗っ取り、それを所有する人々が何のコントロールもできないまま、好きなように使うことを許されているのだから、私たちがこれほど財政難に陥るのも無理はないだろう。

金と銀を基盤とする経済は、天然資源を更新し、循環させる。核分裂を基盤とした社会は、新たな可能性を切り開くだろう。しかし、メドウズとフォレスターは、核融合フレアの魔法を無視したのである。中華民国が新しい技術を無視することは、簡単に説明できる。単に、欲しくなかったからです。

新しいテクノロジーは、新しい仕事と、より豊かな国民を意味します。人口が増えるということは、北米の人口が増えるということであり、CORの広報担

当者は、それは望ましくない、地球上の生命を脅かすものだと言っています

実は、私たちは地球の天然資源をまだ搾取しつくしていないのです。ラッセルからペーチェイ、メドウズ、フォレスターに至るまで、新暗黒時代と新世界秩序のコンセプト全体は、致命的な欠陥があり、産業成長と雇用を遅らせ、最終的には世界人口の淘汰を目的としています。

(注：1994年8月にカイロで開催された国連人口抑制会議は、2010年までに25億人を殺害するという「グローバル2000」計画の延長線上にある)

原子力については、ペーチェイ氏は次のように述べた。

> 私は友人たちよりも悲観的で過激に、核による解決策を判断しています。多くの科学者やほとんどすべての政治家や産業界が主張するように、人間社会にとってクリーンで安全で信頼できるものにできるかどうか、私は判断する立場にはないし、推測することさえできない。

> しかし、信頼性、安全性、クリーン性が十分でないのは、人間社会そのものであると主張する用意があります。私はこれまで何ページにもわたって、その混乱した状態、自らを律し、合理的かつ人道的に行動し、自らを引き裂く緊張を緩和することができない状態について述べてきた。したがって、現在の状態では、原子力発電から脱却できるとは思えないのである。

これは、原子力発電が世界で最も安く、クリーンで安全なエネルギー源であるという環境保護団体の言い分とほぼ同じである。

また、何百万もの安定した長期的な新規雇用を創出する手段でもあります。

> この社会が数十年の間に、数千基の巨大な原子力発電所を建設し、安全に保護し、現在生きているすべての人を殺すのに必要な量の1万倍にもなる致命的なプルトニウム239の4分の1でも地球上を輸送し処理できるようになるとは想像もできない。

> 人類が、その無謀で無責任な行動に対して、まず人間システム全体で準備することなく、原子力発電に乗り出すことが問題なのだ。本当の問題は、技術や経済ではなく、政治、社会、文化にある。

> 今日、私が「核の麻薬」と呼んでいるものを少量摂取して酔いしれている人たちは、社会全体にこの麻薬を普及させる計画を推進しているが、それは事実上、自分の後継者が明日、完全にこの麻薬によって生きることを宣告しているのである。

そして、なぜそうしないのか!原子力は、世界が知る限り最も偉大な発見である。それは、私たちを自由にしてくれる。だからこそ、人類の敵であるローマクラブは、原子力を切り捨てるためにあらゆる面で戦い、原子力を恐ろしい危険なものであるかのように見せているのである。原子力は安全です。これまでのところ、このようなプラントで作業中に原子力発電のエネルギーによって死亡した人はいない。

また、何百万人もの人々が長期的で高収入の仕事を得ることができるため、個人としての自由も大きくなります。ローマクラブにとって、より大きな自由は禁忌である。ローマクラブは、個人の自由を増やすのではなく、減らすことを望んでいる。それが、原子力問題の本質です。

ペーチェイ氏はさらに、核分裂を一刀両断に否定してこう言った。

> *その実現可能性はまだ実証されていないが、現在のところ、これに基づいて信頼できる将来計画はない。エネルギーが豊富になり、安価になり、環境や社会的なデメリットがなくなるということは考えにくい。*

> *もし、豊富で安価でクリーンなエネルギーが利用できれば、食糧や素材に関する技術的な解決策の見込みは非常に高くなるはずだ。*

ローマクラブは、私たちが技術力を高め、食料を増産し、生活水準を向上させることを望んでいないのである。

ローマクラブは「グローバル2000」というプログラムを考案し、2010年までに20億人の死者を出すことを要求しているが、私が見た報告書の最終的な数字では、2010年までに4億人が地球上から姿を消せば満足することになっている。

ペーチェイ氏は、物質的な進歩を高める手段としての新しい科学的発見や新技術は、NATOの中で世界

計画の唯一の決定権を持つと主張するローマクラブが望んでいないことを明らかにした。

もちろん、反乱を起こしたロシアを占領し、鎮圧した後の話である。そして、繰り返しになりますが、今世界で起きているのは、アメリカとロシアの間の亀裂です。ペーチェイ氏は、1973年のアラブ・イスラエル戦争で人為的に作られた石油禁輸を戒めとして利用した。その結果、「多くの人がローマクラブの考え方に同調するようになった」という。

これをきっかけに、多くの人がそれまでの考え方を改め、ローマクラブのアドバイスをより真剣に受け止めるようになった。こういう人は黙っていられないことがあると、すでに申し上げました。1973年のアラブ・イスラエル戦争が、世界における石油不足という誤った状況であったことを率直に認め、そうすることによって、より多くの人々に、小さいことはより良く、より美しいことであり、産業の進歩は抑制されるべきであると確信させた人物が、ここにいるのである。

ローマクラブの存在意義は、もちろん、フォレスター・メドウズ報告で定式化されたこれらの主張の証明が、1973年の石油禁輸によって多くの人々にもたらされたからである。1973年から74年にかけて、ローマクラブが多くの政府の政策に与える影響力は飛躍的に増大した。

オランダのユリアナ女王は、ロッテルダムの中心部にローマクラブの思想を展示するよう命じた。その

直後、クラブはフランス財務大臣と会談し、ローマ
クラブの報告書の意味するところを議論するために
、いわゆる「*無責任国際*」を立ち上げた。

第13章

悲惨な予言

1972年、ペーチェイ氏は欧州評議会に招かれ、欧州議会議員の特別セッションで「成長の限界の展望」と題する論文を発表した。

1974年初め、ペーチェイと、ウィリー・ブラントの社会民主主義の友人であるオーストリアのブルーノ・クリスキーの働きかけで、ローマクラブのメンバー10人が、カナダのピエール・トルドー元首相、オランダのヨープ・デン・ウイル元首相、スイスのネロ・ティエロ元大統領、アルジェリアやパキスタンの代表など、複数の国家元首と非公開の会談を開いたのだ。ペーチェイさんの言葉を借りれば、「疑いの種がまかれた」ということだ。

フォレスター・メドウズ社の報告書は、ゼロ成長政策がアメリカでは絶対に通用しないと認識している実業家などからの強い反発を招いた。その結果、クラブは、ミサロビックとエドワード・ペステルを中心に、ローマクラブの目的は有機的な成長をプログラムすることであるとし、対抗運動を展開しようとしたのである。

「世界は癌に冒されており、その癌とは人間である」 とペステル氏は言う。

第二に、中華民国は、新しい人類の創造につながるマスタープラン、すなわち、この人たちが主導する新世界秩序の構築を呼びかけた。

ローマクラブは、イラン、エジプト、ベネズエラ、メキシコ、アルジェリアなどの第三世界数カ国で設立されることになり、その後、これらの国々は加盟を誘われたが断られた。

ローマクラブのメンバーであるアーヴィン・ラズローが書いた「*未来プロジェクト*」という*国連*訓練研究所の計画は、産業成長と都市文明を痛烈に非難するものであった。アメリカ合衆国の現在の工業化政策を糾弾したのだ。彼は、中産階級を非難し、レーニンが先に行ったように、アメリカの中産階級、つまり、アメリカがギリシャやローマ帝国の道をたどるのを妨げているあの独特の制度、あの有機体を完全に破壊することを要求した。

このとき、ラズローは中華民国の召使であるサイラス・ヴァンスとヘンリー・キッシンジャーに助けられた。このモノグラフで引用されている社会主義者の多くは、バンスやキッシンジャーと定期的に会っていた。

前著で紹介したように、ローマクラブがスポンサーとなり、創世記を書き換えて、人間が自然を支配することを聖書が禁じていることに置き換えるという

プロジェクトが行われた。

ローマクラブには、サイラス・ヴァンス、ジミー・カーター、ソル・リノヴィッツ、フィリップ・クルツニック、ウィリアム・ライアン（トロントのイエズス会）、解放神学の専門家であるピーター・ヘンリアットらが参加していた。

これらの人々は皆、ローマクラブの後援の下に、適切な時期に既存の世界秩序と政府を転覆させるために利用できる宗教原理主義の世界的キャンペーンを推進するために集まり、この計画が実行されているのである。部分的に整備されていますが、まだ完全ではありません。

再び、原子力の問題に戻りたいと思います。原子力発電に反対する大きな圧力があり、私たちは司法、経済、社会、政治などあらゆる方面で行動を起こしています。しかし、西ドイツのアーケン大学の核兵器の影響に関する研究によると、超大国の核兵器のわずか10%が爆発した場合、副産物として非常に多くのセシウム同位体が含まれ、生命プロセスのヨウ素経路に同化されると予測されるとのことであった。この放射性セシウムは、影響を受ける世界中の高等生物をすべて殺すのに十分な量を発生させることができる。

しかし、もちろんこれもローマクラブが流した恐怖の物語に過ぎない。熱核戦争の恐怖が大西洋の両岸の洗脳者たちによって操作された恐怖の物語であるのと同じように。

その背景には、「放射能」という名前そのものを、世界の大多数の人々の心の中に恐怖の言葉として定着させようという考えがある。このように、原子力の平和利用に対して生み出された恐怖は、非常に、非常に強く、多くの主要な建設計画を頓挫させ、今後10年間に米国で建設される予定だった数十基の原子力発電所を保留にすることに成功したのである。

一部のまともな人々に悪夢を見せる危険といえば、原子力発電所が強力な核爆発に見舞われること、あるいは高度な訓練を受けた反核マニアが原発内に侵入して爆破し、もちろん二次爆発を起こすことくらいである。

しかし、スリーマイル島で決定的な証拠が示されたように、原子力発電所への妨害工作の試みは、核兵器の爆発による被害ほどにはならないだろう。

現在、HIVやエボラ出血熱など数十種類の人工ウイルスによって生命が脅かされているが、これらのウイルスには原子力は全く役に立っていない。

標準的な手法を用いたこの調査では、最も控えめに見積もっても、2008年半ばまでに、すでに建設中の原子力発電所と稼働中の原子力発電所の廃棄により、100万人以上の雇用が失われたことが判明しています。しかし、アメリカの商業用核分裂発電では、一人の死者も出ていないのだ！」。そうだ。スリーマイル島原発のいわゆる「原発事故」は、事故ではなく、意図的に計画された妨害行為であり、一人の死者も出していないのだ。

同じ期間に、何百万人がエイズで亡くなり、グローバル2000の大量殺戮計画のおかげで、さらに何百万人が死ぬことになる。アメリカの道路では毎年5万人以上の人が交通事故で亡くなっていますが、アメリカの原子力発電所は40年以上にわたって今のところ一人の死者も出していないそうです

しかし、ローマクラブやNATOの原発推進勢力は、反原発プロパガンダの連射でこの国を常に洗脳し、1億人以上の命を危険にさらしているのだ。

面白いのは、この点です。数年前、著名な物理学者が「同じ部屋には同時に2人以上入れないようにしよう」と提案したほど、人間の体そのものが放射能を発生させているのだ。一方、山でスキーをしたり、旅客機に乗ったりすると、原子力発電所の壁に1年間もたれているよりはるかに多くの放射能を浴びることになります。

もう一つ興味深いのは、石炭火力発電所は核分裂発電所よりも1キロワットあたりの大気中への放射能放出量が多いという点だ。核分裂性燃料のウランを採掘することで、実は私たちが自然界で浴びる放射能の総量は減っているのです。

現在、既存の再処理と分級廃棄物処理プログラムは、もちろん材料が燃焼の再処理サイクルに残っていれば、いかなるリスクからも人類を絶対に守るものである。そして、これは可能なことなのです。

だからこそ、この国の核開発を妨害した反核狂信者

たちは、放射性燃料廃棄物の蓄積を忠実に糾弾して
きたのである。高速増殖炉の稼働により、5%未満で
ある未処理廃棄物の端数はさらに減少させることが
できる。天才エドワード・テラー博士が発明し実行
した粒子線プログラムを使えば、加速された中性子
ビームを不要な廃棄物に当て、制御された中性子爆
撃で変形させることで完全に中和することができる
。これは、これまでも行われてきたことであり、実
現可能なことであり、決して高価なものではありま
せん。

1970年代以降、ローマクラブは、環境問題への懸念
から原子力発電計画を全面的に中止するか、資金援
助を打ち切るか、あるいはその両方を組み合わせて
、この国の原子力発電計画に容赦ない戦いを挑んで
きた。その結果、原子力発電所の建設費はもちろん
、そこからエネルギーを生産するコストも何十億ド
ルも増加した。

原子力発電所は通常4年以内に簡単に建設できるが、
もちろん建設期間が2倍になれば-
環境保護主義者や地方自治体、州の反対でアメリカ
で起こったように-
建設費と融資費が爆発的に増え、最終的な価格が高
くなる。

このようなコストダウンのための遅延戦術と、ロー
マクラブの銀行家による高金利が相まって、アメリ
カでの原子力発電所の建設は事実上ストップしてし
まったのだ。2008年、原油価格が高騰している今、
原子力発電所の建設はより一層重要な課題となって

いFた。

反原発はローマクラブの大成功例の一つに違いない。そうでなければ、アメリカの工業化はすでに飛躍的に進んでいただろうし、失業も過去のものとなっていたと言ってよいだろう。

2008年半ばの現在、約1500万人のアメリカ人が仕事に就いていない、と政府は発表している。原子力発電所がフル稼働していれば、そのようなことはない。核燃料は、今も昔も、世界で入手可能な燃料の中でキロワット時のコストが最も安い。

第14章

げんしりょくせいげん

核融合技術は、もし米国が健全な経済と、熟練労働者の完全雇用を提供する産業基盤を維持し続けるために必要な、環境に優しい唯一の新エネルギー源である（これは大きな意味を持つ）。健全な経済と産業基盤の成長なくして、米国は世界の大国であり続けることはできないし、世界の軍事力構造における現在の不安定な地位を維持することさえできないのである。もし、ローマクラブの計画を阻止することができれば、国全体として3つの点で直ちに利益を得ることができる。

> ➢ 経済基盤が大きく拡大し、米国がかつて経験したことのないような好景気になるだろう。
> ➢ 雇用機会を提供し、米国の全失業者をなくすことができるだろう。
> ➢ 投資家の利益を増やすことができる。また、アメリカでエネルギーを生産する場合、経済に1円も負担をかけることなく、より安価に生産できるようになるのです。サウジアラビアの石油を輸入しなくて済むというメリットを想像してみてください。国際収支の状況も飛躍的に改善されるでしょう。あと6ヶ月で経済

も労働市場も驚くべき変遷を遂げます。

これらはすべて、増税をせずに実現できるものです。技術も意志もある。しかし、国の発展を阻むのは、ローマクラブの組織的な原発反対政策である。

ですから、原子力は悪いものではなく、良いものであるというメッセージを伝えることが私たちの役目です。どうにかして、自国の利益ではなく、米国を第一に考える議員が議会にいれば、原子力発電計画が立ち上がり、新しいハイテク投資ブームが起こり、何百万ドルもの投資と何十万もの新しい雇用が創出されるかもしれないのだ。

新しい産業が生まれ、失業がなくなり、この国の生活水準が計り知れないほど向上し、産業と経済の基盤が後押しして、世界一の軍事大国となることができるだろう。

外国からの攻撃を心配する必要はなくなり、連邦準備銀行が米国に課している好不況のサイクルを再び経験することもないだろう。

もちろん、これはローマクラブの方針とは正反対である。したがって、私たちは、私たちの未来のために、私たちの生命のために、私たちの子供たちのために、そして、世界における自由の最後の砦であるこの偉大な国の安全のために戦っているのです。現在のような不況を招いたのはなぜか。そして、政府の統計に惑わされることなく、私たちは深刻な不況の渦中にいます。

なぜ、このような事態に陥ってしまったのか。この国の天然資源は崩壊してしまったのか？しかし、現代人の多くは、「出来事は起こるものではなく、綿密な計画によって作り出されるものだ」と認識しているのではないだろうか。ルーズベルト大統領以降の歴代政府が、1938年にチャーチルとF.D.ルーズベルトが結んだ特別協定以来、ローマクラブや国際通貨基金を通じて300人委員会の意思をアメリカに押し付けるのではなく、イギリスがアメリカを独立した主権国家として扱うように主張しなかったことが、アメリカを苦しめる病気の根本原因である。

もちろん、「特別協定」はそのずっと前から始まっていた。ある人は私に手紙を書き、"あなたは勘違いしているのでは？"と言った。"チャーチルは1938年にはイギリスの首相ですらなかったのだから "とね。

確かにそうだが、いつからこの人たちはタイトルを気にするようになったんだ？悪名高いバルフォア条約が合意されたとき、この人たちは、表向きはイギリスを支配しているイギリスの首相のところに行ったのでしょうか。そして、パレスチナをシオニストに与える条約の最終版を起草したのは、ロスチャイルド卿であった。

ルーズベルトやチャーチルでも同じようなことが起こっているのを見た。1938年当時、チャーチルは首相ではなかったが、それでも彼の身の回りの人たち、つまり300人委員会の代表として交渉することを止めなかった。
チャーチルは南アフリカでのボーア戦争で訓練を受

け、生涯にわたってこのエリート集団のメンバーでありメッセンジャーであったのだ。

イギリスがどのような戦略をとったかは、フランクリン・ルーズベルトの息子で戦時補佐官だったエリオット・ルーズベルトが第二次世界大戦末期に出版した「*As I Saw It*」という本に記されている。

エリオット・ルーズベルトは、フランクリン・ルーズベルトがチャーチルに対して戦後のアメリカ政策の概要を説明した主な内容を記録している。もちろん、チャーチルに従うつもりはなかった。ルーズベルトの提案を覆す力は、それがどんなものであれ、アメリカを動かしている300人委員会にあることを、彼はよく知っていた。

イギリスの社会主義者は、タヴィストックの宣伝担当だったウォルター・リップマンなど、何十人もアメリカに潜入していた。リップマンは、無防備なアメリカに「素晴らしい」経済学者であるジョン・メイナード・ケインズ卿を紹介し、ケインズ経済学がアメリカ経済を破滅させたのであった。

特別引出権、「乗数」理論、その他、世界を動かしている少数派によってほとんど全人類に課せられたグロテスクで不道徳で卑劣な不正などの制度を導入したのはケインズである。そして、これは決して空虚な言葉ではないことに気づかなければなりません。こういう人たちが世界を動かしているのだから、「...ここはアメリカだし、憲法もあるし、そんなことはありえない」と言っても無駄なのだ。

合衆国憲法は踏みにじられ、完全に破壊され、今日では事実上何の力も効力もない。

ロックフェラーは、海外援助詐欺を作り出した。これは、連邦準備銀行を除けば、世界がこれまでに見たこともないような大掛かりな詐欺である。その結果、各国が米国の援助に完全に依存するようになり、その援助には2つの目的がある。

> これによって、これらの国々は外交問題評議会の主人の意向に従ったままである。

> アメリカの納税者は、支払い能力を超えた税金を課され、自分の生活を維持するために生計を立てるのに精一杯で、自分の不幸の原因が何であるかを見渡す余裕もない。この制度は1946年に始まりました。

キッシンジャーは、世界政治にフーリガニズムを持ち込んだ。OSSのジュリアス・クラインは、キッシンジャーに陸軍のクレイマー将軍の運転手としての仕事を与えた。キッシンジャーは、英国に引き取られて以来、世界政治の中でフーリガンのように振る舞い、アメリカのイメージと国民に多大な犠牲を強いてきた。

アフリカで何百万人もの飢えた人々を苦しめ、国家を屈服させ、主権を放棄させたのは、主にキッシンジャーの仕事であった。

IMFはローマクラブの落とし子で、違法な一国政府

組織である。彼らは各国に膝をつけさせ、主権と原材料を放棄させ、さもなければ破産させようとしている。

このユニークな国際銀行は、あらゆる弱小国から天然資源を奪い、剥ぎ取り、剥奪するために作られた。これがIMFの正体だ。IMFはローマクラブが多くの国々を支配できる重要な要因の一つである。

私はワシントンの上院議員や下院議員より知識があるとは思わないし、彼らの給料に匹敵するような収入もない。しかし、我々国民の代表と呼ばれる彼らは、賊軍の国際通貨基金への違憲の資金提供を支持しており、最終的には米国の信用と通貨政策を引き継ぎ、国民を一つの世界政府国家に奴隷にしようとしている。

私たちの代表は、もし彼らが私たちの代表であったなら、憲法に従おうとする一握りの議員さえいれば、ペンの一撃で米国に秩序と安定をもたらすことができるのだ。連邦準備制度理事会を廃止し、公正な分配システムを決定し、この国だけでなくすべての発展途上国に原子力を導入することによって、この国の新しい工業化を始めることができます。

この世界は、かつてないほどのユートピアの時代を迎えているのではないでしょうか。これはもちろん、この国だけでなく、世界のローマクラブの計画と全く矛盾している。

ローマクラブの活動には、いくつかの興味深い側面

がある。その一つは、先に述べたように、マクスウェル・テイラー将軍をはじめとする軍人が支持するドレイパー基金人口危機委員会の報告書に基づく大量虐殺計画「グローバル2000」である。

軍の中の特定の人々について私に質問してきた人たちには、彼らがドレイパー基金の人口危機委員会と大量虐殺を目的としたグローバル2000報告書の調査結果を支持しているかどうか尋ねてみることをお勧めします。

テイラー将軍は、マルサス主義者がみな行う、富は天然資源から生まれるという馬鹿げた仮定から出発している。テイラー将軍は、発展途上国の人口が、今後数世紀にエリートが必要とする原材料を過剰に消費していると主張している。

第15章

グローバルレポート2000

したがって、技術へのアクセスを制限し、食料を不足させることによって、消費をできるだけ抑えるように、今行動しなければならないという主張である。

第三世界の人々を飢えさせ、その国の原料を自国民に吸収させず、世界の指導者に提供する覚悟が必要だ。

これが、「グローバル2000」レポートやマックスウェル・テイラー将軍のドレイパー基金人口危機委員会の大前提である。この路線には、ロバート・マクナマラが関わっていたのは言うまでもない。

ベトナムでマクナマラが果たした役割はよく知られているし、カンボジアのポルポト政権が行った大量虐殺政策の立案でローマクラブが果たした役割もあまり知られていないかもしれない。

このプロットは、カンボジアで実験的に練られ、動き出したものである。そして、同じことがアメリカで起こらないとは思わないでください。起こる可能

性はありますし、起こるでしょう。テイラーとマクナマラは、NATOが欧州のみで活動することを定めた憲章に反し、NATOの活動地域（欧州）の外にNATOを展開することを強く支持していた。

言い換えれば、NATO軍のおかげで、不従順な国々は、侵略の脅威の下に、IMFへの不当な債務を支払うことを余儀なくされるだろう。これは本当に底辺の、文明的な行為に対する脅威です。

我々の文明と遺産は危機に瀕している。アテネのソロンとイオニア都市国家の共和国によって伝えられた、統治への衝動、我々のキリスト教の理想、そしてその理想の中心にあるキリスト教の2つの特徴をたどることができる。

私たちは、創世記の「実り多く、増殖し、地に満ち、これを従わせよ」という言葉に従って自らを律しなければならないのです。私たちは、人間の生命を増やし、維持し、今よりもずっと優れたものにすることができます。カルトやオカルトの難解なルールや秘密の法則を知っている少数の人たちのためではなく、キリストが解放するために来たと言った大多数の人たちのためです。

我々は、キリストによって例証されたキリスト教の原則の影響の下に、彼の理性的な心の能力を完成させ、人間の生命を常に神聖なものとして扱う生ける神への信仰を表明することによって、自らを統治しなければならないのである。

このようなオカルト的な黒魔術師たちに、人類が大衆的なものであると信じさせてはならない。これは嘘です。人類は塊ではなく、一人ひとりが個人であるという考え方は、個人の指紋があることで浮き彫りになっています。

世の中に同じ指紋は2つとない。ですから、私たちは大衆ではなく、個人なのです。ローマクラブが我々を、簡単に管理できる亜人の群れとして、手切れ金と、非常に貧弱であることが約束されている我々の存在に完全に依存するようになる前に、我々は技術情報を集め、それを有効に活用しなければならない。

ローマクラブのマルサス政策のカルトを受け入れる国家のリーダーは、自分自身と自分の国民を1000年の奴隷にすることを宣告している。

マルサス的制約のもとでは、いかなる国家も発展することはできない。なぜなら、もし発展すれば、ローマクラブによれば、少数派である支配者層に属する天然資源を使い果たすからである。そのような国は滅びる運命にある。なぜなら、そのような政策に従う悪しき影響力は、日の目を見ることなく生き残ることができないからである。

IMFがブラジルとメキシコに課したいわゆる「条件付き」の背景には、このような事情があるのです。IMFは、これらの国々が貧しいままであることを望んでいるのです。

その結果、融資の条件を満たすことが不可能になり、国家は利子を返すのに精一杯になってしまう。つまり、IMFはローマクラブの金融部門であり、その命令と支配に身も心も明け渡しているのです。私たちは、このような事態を傍観してはならないのです。

19^{ème}世紀に成功した工業国は、イギリスを除いてすべてアメリカの政治経済学の体系に動かされていたことを、市民はともかくローマクラブはよく知っている。教えることを恐れているのです。

社会主義者であるフェビアン協会のラスキー教授が禁止しているのだ。しかし、私たちは目の前でそれを見ています。アメリカのシステムがいまだにうまく適用されているのは日本だけなのです。これが、日本経済がアメリカ経済より優れていることの理由である。私たちは、自分たちのアメリカ式政治経済システムを放棄して、世界社会主義の実践である黒人貴族の考えを支持することを余儀なくされました。

しかし、日本は尻込みしている。日本経済のパフォーマンスは、アメリカのシステムが、チャンスを与えればうまくいくことを証明している。しかし、アメリカにはローマクラブという社会の癌があり、政府、議会を妨害し、原子力の進歩を妨げ、製鉄所、自動車産業、住宅産業を破壊し、一方で日本は前進しています。もちろん、彼らも大きな挫折を味わうことになる。ローマクラブが強いと感じたら、すぐに同じ運命をたどることになる日本人に目を向ける

だろう。

このようなことを許してはならない。アメリカを文明国、工業国として維持するために戦わなければならない。ジョージ・ワシントンの政策に再び従う指導者を見つけ、政治経済に関する限り、この国を破滅の瀬戸際に追いやったケインズ、ラスキー、キッシンジャー、ブッシュ一族を追い出さなければならないのだ。

歴史は、キリスト教が闇の勢力に対抗する組織的な勢力として出現したことを物語っている。キリストは、「わたしは、あなたがたに光と自由を与えるために来た」と言われました。

当時、ファリサイ派の少数精鋭で、社会のクズとみなされていた人たちを対象にしたものである。

第16章

くろきんぞく

キリスト教は、国家運営と文化において最も強力な文明の形を生み出した。だからこそ、ローマクラブはキリスト教の教義に激しく反対しているのである。私の知る限り、西暦1268年頃、西方キリスト教の単一国家を作ろうとした最後の努力は、ベネチア人率いるブラックゲルフが、イタリアの大詩人ダンテ・アリギエーリの関連勢力を破り、敗北している。

ヨーロッパでは、新しいタイプの国家を作る試みが多く行われた。主権国家である共和国は、当時普及していた方言に代わる共通語の使用を基本としている。それは、周知のように、1603年にベネチアの傀儡であるジェームズ1世（er ）の下でイギリス王政が確立され、イギリスの共和制勢力が粉砕されたことが直接的な原因である。

そのため、この新しい形の国民国家共和主義をつぶすために、あらゆる努力が払われたことがわかる。この戦争は今も続いている。アメリカの独立戦争は終わらなかった。1776年以来、現在進行形の「戦い」であり、それ以来、アメリカは2つの大きな戦いに敗れている。

1913年、私たちは連邦政府の二つの行動によって敗北した。マルクス主義の教義である累進所得税の導入と、民間銀行の独占である連邦準備銀行の設立である。

しかし、それ以前に、1876年から79年にかけての「正貨再開法」の成立によって、アメリカは国家信用通貨と債務政策の主権を放棄し、若い共和国の通貨政策をロンドン金取引所の国際銀行家の意のままにさせ、ひどい打撃を受けたのであった。その後、わが国の金融に関する内部権力は、ロスチャイルド家の親戚で、その利益を守るためにアメリカに派遣されたオーガスト・ベルモントや、J.P.モルガン王朝を通じて、イギリスやスイスの銀行家の強力な代理人にますます翻弄されることになった。

ロンドン金為替システム自体は第一次世界大戦から第二次世界大戦にかけて次々と崩壊したが、英・スイスのベネチアン・フォンディ、すなわち資金を持つ人々は、世紀の詐欺であるブレトンウッズ協定の下で世界の通貨問題を事実上独裁することを確立したのである。

アメリカには、国民を縛るこれらの鎖をすべて破壊する力がある。個人的な利益よりも国を優先し、我々を喉から手が出るほど欲しがっている、現在ローマクラブと呼ばれているこの社会主義の怪物を破壊しようとする議員を選びさえすれば、それは可能だし、できるはずだ。

もしあなたの言うことが本当なら、なぜ私たちの大

学や学校は、あなたの言うような経済学を教えないのですか」と、何人かの人から聞かれた。"

何世紀にもわたってロンドンとスイスの銀行家が世界の通貨制度と金融問題に対して独裁を続けてきたことが、アメリカのどの大学の経済学部でも正しい経済学を教えず、わが国、アメリカ合衆国がその上に築かれ、アメリカを世界で最も豊かで最も経営の良い国にしたバイメタリズムの通貨制度を擁護しない絶対最大の理由であることを指摘しておきましょう。

本当の経済学が教えられれば、社会主義はなくなるはずだ。学生たちは、この国の何が問題なのかを正確に理解し、どこに責任を負わせるべきかを探し始めるでしょう。

我々が国家として、政治的・経済的決定を通じて我々の主権の違法な破壊を許し、IMFや国際決済銀行のような超国家的金融機関に従属する限り、アメリカ法曹協会、「我々の」弁護士、「我々の」政府、「我々の」国会議員、「我々の」民間経済が、これらの破壊的金融機関、これらの超国家金融機関に迎合し続ける限り、我々の国は絶望的となるのだ。

超国家的な機関を喜ばせる必要はないし、その機関が決めたルールに従う必要もない。つい最近も、国際通貨基金という卑劣なラスキー＝ケインズと社会主義に影響された研究所を救済するための邪悪な計画に、議会がどう従ったかを見たばかりだ。

IMFやローマクラブで何が起こっているのか、国民に正確に教えなければならないのです。経済学はそれほど複雑な学問ではありません。原理を理解すれば、とても簡単なことなのです。社会主義的な国際超国家組織の独断が、我が国を癌のように蝕むのを許し、私たちがいかに裏切られてきたか、いくつかの例を挙げてみよう。

第二次世界大戦直後を例にとると、国民の労働力の約62%が物資の生産か輸送に従事していた。しかし、公的な統計によると、このレベルの従業員は全体の30%にも満たない。失業率は20%前後です。インフレの根本的な原因は、国民の雇用構成が変化することである。これが一番の問題点です。

歴史を振り返ると、特に1870年代は、アメリカの政治経済システムの影響により、工業の進歩や農業の生産性向上という技術進歩が促され、富の生産が進み、全般的にコストが低下し、デフレの連鎖が起こった。しかし、1880年代にロンドンの金為替制度が世界の通貨を一握りの人々の手に委ねて以来、恐ろしい恐慌が次々と起こり、その間に長いインフレスパイラルが発生したのである。

これは、この世界を支配し、John Stewart Mill、Harold Laski、John Maynard Keynesの教義に関連しているマルサス的な力の直接的な産物である。いわゆる自由市場経済の政策は、レンティア金融家による架空の家賃資本化および利潤への投機的投資を増加させ、実際の技術への投資と実際の有形財の進歩的生産を犠牲にしているに過

ぎない。

だから、私は友人たちに「株式市場には手を出すな」と言うのです。株式市場は投機的な投資のための架空の空間であり、有形の財を生産するための技術的進歩のために資金が漸進的かつ秩序正しく投入される空間ではありません。

したがって、株式市場は崩壊せざるを得ない。永遠に維持することはできないし、永遠に維持することもできない。それはホットエアーのバブルであり、いつかは膨らみ、その時、多くの人がその結果に苦しむことになるのです。

そうなる前に、今、聴いてもらうことがコツなのです。ローマクラブの推進により、信用の流れは、商品生産と農業生産から、非商品生産型の金融投資へと移行していった。もちろん、これは国にとって大きな問題であった。

金融と雇用の流れの構成が変化することで、周期的な大恐慌と長期的なインフレの動きが、現在の経済システムに組み込まれているのである。この記事を経済的な事実の記述にするつもりはなかったが、時にはこうしたことに注意を向けることも必要である。今日、アメリカには邪悪な力が働いている。それは社会主義と呼ばれるもので、ローマクラブがその代理人となって活動している。

それは、我々が知っているアメリカ合衆国の破壊を目的とした組織である。いわゆる少数の特権階級、3

00人委員会が世界を支配する新世界秩序の到来を目的とした組織である。

私たちが善意ある人々を集め、政府の政策を変えさせなければ、私たちの運命は必ずや決まってしまうでしょう。これは、オーギアスの厩舎を一掃し、ローマクラブのような秘密組織を排除することによってのみ可能であり、もはや彼らが出来事の行方に口を出し、この偉大な国の将来を支配することはできない。そうしない限り、私たちは一つの世界政府、つまり新世界秩序の中で奴隷になる道を歩むことになる。

既に公開済み

歴史的な大事件はすべて、完全な思慮分別に囲まれた人間によって密かに計画されている。

陰謀の彼方へ
見えない世界政府の正体を暴く
ジョン コールマン

高度に組織化された集団は、常に市民に対して優位に立つことができる。

ジョン コールマン

陰謀者たちの階層
300人委員会の歴史

この神と人間に対する公然の陰謀は、ほとんどの人間を奴隷にすることを含んでいる…。

ジョン コールマン

嘘による外交
英米両政府の裏切りに関する記述

国連創設の歴史は、欺瞞の外交の典型的な事例である。

OMNIA VERITAS LTD をプレゼントします。

アメリカとの麻薬戦争

ジョン コールマン

麻薬密売が根絶できないのは、その経営者が世界で最も儲かる市場を奪われることを許さないからだ……」。

この忌まわしい商売の真の推進者は、この世界の「エリート」たちである。

OMNIA VERITAS LTD をプレゼントします。

石油戦争

ジョン コールマン

石油産業の歴史的な記述は、「外交」の紆余曲折を経て、私たちに迫ってくる。

各国が欲しがる資源を独占するための戦い

OMNIA VERITAS LTD をプレゼントします。

ジョン コールマン

社会主義世界秩序の独裁者

この数年間、私たちがモスクワの共産主義の悪に注目している間、ワシントンの社会主義者たちはアメリカから盗むことで精一杯だった――」。

"ワシントンの敵はモスクワの敵より怖い"。

フリーメイソンとは何かを解説した一冊

歴史的な出来事は、しばしば「隠された手」によって引き起こされる....。

タヴィストック人間関係研究所の秘密

www.ingramcontent.com/pod-product-compliance
Lightning Source LLC
Chambersburg PA
CBHW070254290326
41930CB00041B/2524